中华精神家园

古迹奇观

桥的国度

穿越古今的著名桥梁

肖东发 主编　齐志斌 编著

中国出版集团

现代出版社

图书在版编目（CIP）数据

桥的国度：穿越古今的著名桥梁 / 齐志斌编著. —
北京：现代出版社，2014.5（2019.1重印）
ISBN 978-7-5143-2335-1

Ⅰ. ①桥… Ⅱ. ①齐… Ⅲ. ①桥—介绍—中国 Ⅳ.
①K928.78

中国版本图书馆CIP数据核字（2014）第057043号

桥的国度：穿越古今的著名桥梁

主　　编：肖东发
作　　者：齐志斌
责任编辑：王敬一
出版发行：现代出版社
通信地址：北京市定安门外安华里504号
邮政编码：100011
电　　话：010-64267325　64245264（传真）
网　　址：www.1980xd.com
电子邮箱：xiandai@cnpitc.com.cn
印　　刷：三河市华晨印务有限公司
开　　本：710mm×1000mm　1/16
印　　张：10
版　　次：2015年4月第1版　　2021年3月第4次印刷
书　　号：ISBN 978-7-5143-2335-1
定　　价：29.80元

党的十八大报告指出："文化是民族的血脉，是人民的精神家园。全面建成小康社会，实现中华民族伟大复兴，必须推动社会主义文化大发展大繁荣，兴起社会主义文化建设新高潮，提高国家文化软实力，发挥文化引领风尚、教育人民、服务社会、推动发展的作用。"

我国经过改革开放的历程，推进了民族振兴、国家富强、人民幸福的中国梦，推进了伟大复兴的历史进程。文化是立国之根，实现中国梦也是我国文化实现伟大复兴的过程，并最终体现为文化的发展繁荣。习近平指出，博大精深的中国优秀传统文化是我们在世界文化激荡中站稳脚跟的根基。中华文化源远流长，积淀着中华民族最深层的精神追求，代表着中华民族独特的精神标识，为中华民族生生不息、发展壮大提供了丰厚滋养。我们要认识中华文化的独特创造、价值理念、鲜明特色，增强文化自信和价值自信。

如今，我们正处在改革开放攻坚和经济发展的转型时期，面对世界各国形形色色的文化现象，面对各种眼花缭乱的现代传媒，我们要坚持文化自信，古为今用、洋为中用、推陈出新，有鉴别地加以对待，有扬弃地予以继承，传承和升华中华优秀传统文化，发展中国特色社会主义文化，增强国家文化软实力。

浩浩历史长河，熊熊文明薪火，中华文化源远流长，滚滚黄河、滔滔长江，是最直接的源头，这两大文化浪涛经过千百年冲刷洗礼和不断交流、融合以及沉淀，最终形成了求同存异、兼收并蓄的辉煌灿烂的中华文明，也是世界上唯一绵延不绝而从没中断的古老文化，并始终充满了生机与活力。

中华文化曾是东方文化摇篮，也是推动世界文明不断前行的动力之一。早在500年前，中华文化的四大发明催生了欧洲文艺复兴运动和地理大发现。中国四大发明先后传到西方，对于促进西方工业社会的形成和发展，曾起到了重要作用。

中华文化的力量，已经深深熔铸到我们的生命力、创造力和凝聚力中，是我们民族的基因。中华民族的精神，也已深深植根于绵延数千年的优秀文化传统之中，是我们的精神家园。

总之，中华文化博大精深，是中国各族人民五千年来创造、传承下来的物质文明和精神文明的总和，其内容包罗万象，浩若星汉，具有很强的文化纵深，蕴含丰富宝藏。我们要实现中华文化伟大复兴，首先要站在传统文化前沿，薪火相传，一脉相承，弘扬和发展五千年来优秀的、光明的、先进的、科学的、文明的和自豪的文化现象，融合古今中外一切文化精华，构建具有中国特色的现代民族文化，向世界和未来展示中华民族的文化力量、文化价值、文化形态与文化风采。

为此，在有关专家指导下，我们收集整理了大量古今资料和最新研究成果，特别编撰了本套大型书系。主要包括独具特色的语言文字、浩如烟海的文化典籍、名扬世界的科技工艺、异彩纷呈的文学艺术、充满智慧的中国哲学、完备而深刻的伦理道德、古风古韵的建筑遗存、深具内涵的自然名胜、悠久传承的历史文明，还有各具特色又相互交融的地域文化和民族文化等，充分显示了中华民族的厚重文化底蕴和强大民族凝聚力，具有极强的系统性、广博性和规模性。

本套书系的特点是全景展现，纵横捭阖，内容采取讲故事的方式进行叙述，语言通俗，明白晓畅，图文并茂，形象直观，古风古韵，格调高雅，具有很强的可读性、欣赏性、知识性和延伸性，能够让广大读者全面接触和感受中国文化的丰富内涵，增强中华儿女民族自尊心和文化自豪感，并能很好继承和弘扬中国文化，创造未来中国特色的先进民族文化。

2014年4月18日

天下第一桥——赵州桥

苏州第一桥——宝带桥

最古立交桥——鱼沼飞梁

海内第一桥——洛阳桥

赵州桥

赵州桥建于605年前后，由隋代著名匠师李春设计和建造，已有1400多年历史，是世界上最早和保存最完整的石拱桥。被誉为"天下第一桥"。

赵州桥又名"安济桥"，位于河北省赵县的洨河上。赵州桥是一座单拱桥，拱长达37.02米，在当时可算是世界上最长的石拱。

桥洞不是普通半圆形，而像一张弓，桥面平坦宽阔，成为"坦拱"，兼顾了水陆交通，方便了车马运行。古人用"初月出云""高虹横水""奇巧甲天下"来形容赵州桥的绝妙。赵州桥被美国土木工程师学会选定为世界第十二处"国际土木工程里程碑"。

鲁班兄妹打赌修桥

传说是在古时候，木匠祖师爷鲁班领着妹妹鲁姜路过河北赵州城的南洨河渡口，一条白茫茫的洨河拦住了去路，河宽水深，风高浪急。

河边上推车的、担担的、卖葱的、卖蒜的、骑马赶考的、拉驴赶庙会的，闹闹嚷嚷，争着过河进城。河里只有

■ 鲁班（前507—前444），姓公输名般，又称公输子、公输盘、班输、鲁般。故里在山东滕州。春秋末期到战国初期鲁国土木工匠。鲁班是我国古代一位出色的发明家，2000多年以来，他的名字和有关他的故事，一直在广大人民群众中流传。我国的土木工匠们都尊称他为"祖师"。

鲁班
公元前507-前444
手艺高强的工艺巧匠,杰出的创造发明家.
吉龙雨工作室 13901008862

■ 赵州桥

两艘小船摆来摆去，半天也过不了几个人。

鲁班看到后，就问他们："你们怎么不在河上修座桥呢？就不用每天在河里穿梭了！"

人们都说："这河又宽、水又深、浪又急，谁敢修呀！打着灯笼，也找不着这样的能工巧匠！"

鲁班听了心里一动，和妹妹鲁姜商量好，要为来往的行人修两座桥。

于是，鲁班就对妹妹说："咱先修大石桥后修小石桥吧！"

鲁姜说："行！"

鲁班说："修桥是苦差事，你可别怕吃苦啊！"

鲁姜说："不怕！"

鲁班说："不怕就好。你人又笨，手又拙，再怕吃苦就麻烦了。"

这一句话把鲁姜惹得不高兴了。她说："你别嫌

庙会 又称"庙市"或"节场"。是指在寺庙附近聚会，进行祭神、娱乐和购物等活动。庙会是我国民间广为流传的一种传统民俗活动，是一个国家或民族中被广大民众所创造、享用和传承的生活文化。

■ 赵州桥石栏板

望柱 也称"栏杆柱",是栏板和拦板之间的短柱。望柱分柱身和柱头两部分。柱身的截面,在宋代多为八角形,清代望柱的柱身,截面多为四方形。望柱柱身各面常有海棠花或龙纹装饰。柱头的装饰,花样繁多,常见的有龙纹、凤纹、云纹、狮子、莲花、葫芦。

我人笨手拙,今个儿,咱俩分开修,你修大的,我修小的,和你比赛一下,看谁修得快,修得好。"

鲁班说:"好,比吧!啥时动工,啥时修完?"

鲁姜说:"天黑出星星动工,鸡叫天明收工。"

一言为定,兄妹俩于是分头开始准备。

鲁班不慌不忙地溜溜达达往西向山里走去了。鲁姜到了城西,急急忙忙就动手。她一边修一边想:等着瞧吧!我非赢不可!果然,三更没过,她就把小石桥修好了。

随后,鲁姜悄悄地跑到城南,看她哥哥修成什么样子了。她来到城南一看,河上连个桥影儿也没有。鲁班也不在河边。她心想哥哥这回输定了。

当鲁姜扭头一看,西边太行山上,一个人赶着一群绵羊,蹦蹦跳跳地往山下来了。等她走近了一看,原来赶羊的才是她哥哥。

哥哥哪是赶的羊群呀!分明赶来的是一块块像雪

花一样白、像玉石一样光润的石头，这些石头来到河边，一眨眼的工夫就变成了加工好的各种石料。

有正方形的桥基石，长方形的桥面石，月牙形的拱圈石，还有漂亮的栏板，美丽的望柱，凡桥上用的，应有尽有。

鲁姜一看心里一惊，这么好的石头造起桥来该有多结实呀！相比之下，自己造的那个不行，需要赶紧想办法补救。重修来不及了，就在雕刻上下功夫胜过哥哥吧！

鲁姜悄悄地回到城西动起手来，在栏杆上刻了盘古开天、大禹治水，又刻了牛郎织女、丹凤朝阳。什么珍禽异兽、奇花异草，都刻得像真的一样。刻得鸟儿展翅能飞，刻得花儿香味扑鼻。

鲁姜瞅着那精美的雕刻简直满意极了，她又跑到城南去偷看哥哥。

牛郎织女 是一个很美丽的千古流传的爱情故事。每年农历七月初七，有百鸟到银河搭鹊桥，牛郎织女相会的美好传说。所以，这一天被称为"七夕""七夕节""乞巧节""少女节"或"女儿节"。

■ 赵县赵州桥

乍一看呀！她简直惊呆了。天上的长虹，怎么落到了河上呢？她定睛再仔细一看，原来哥哥把桥造好了，只差安好桥头上最后一根望柱了。

鲁姜怕哥哥赢了自己，就跟哥哥开了个玩笑。她闪身蹲在柳树后面，捏住嗓子伸着脖子"咕咕哏"地学了一声鸡叫。

她这一叫，引得附近老百姓家里的鸡也都叫了起来。鲁班刚刚装饰好桥的中部，忽然听到鸡叫，真的以为是天亮了。他为人最讲信用，并谨遵约定，他赶忙把最后一根望柱往桥上一安，桥也算修成了。

■ 赵州桥附近的鲁班祠

蓬莱 又称为蓬莱山、蓬山、蓬丘、蓬壶、蓬莱仙岛等。实际上，早在秦始皇之前，"蓬莱"作为海上神山的名字就已经传开了。"蓬莱"作为地名，而不是神山名，最早有文字可考的记载见于唐代杜佑的《通典》："汉武帝于此望海中蓬莱山，因筑城以为名。"

这场兄妹建桥比赛，两人各有千秋，大石桥以工程巨大而领先，小石桥以栏板雕饰而更胜一筹。哥哥鲁班虽然输了，但他为妹妹的精湛技艺而心里感到十分高兴。

这两座桥，一大一小，都很精美。

鲁班修的大石桥，气势雄伟，坚固耐用。鲁姜修的小石桥，精巧玲珑，秀丽喜人。赵州一夜修起了两座桥，第二天就轰动了附近的州衙府县。

人人看了，人人赞美。能工巧匠来这里学手艺，巧手姑娘来这里描花样。每天来参观的人，像流水一样。

这件奇事很快就传到了蓬莱仙岛仙人张果老的耳朵里，他骑着毛驴，兴冲冲地赶来看热闹。他在路上遇到了推车的柴王爷和拉车的赵匡胤，于是三人一同来到洨河畔观桥。看过赵州桥后，三人无不暗暗惊叹鲁班的精湛技艺。

为了考验鲁班，张果老与鲁班打赌，如果他们三位能顺利过桥，而桥不倒，从此便倒骑毛驴。鲁班心想：这座桥，骡马大车都能过，三个人算什么，于是就请他们上桥。

三人走上桥时，张果老转身施法术，聚来日月星辰，装入身上的褡裢里，柴王爷和赵匡胤也运用法术聚来了五岳名山，悄悄放在了独轮车上。

由于载重猛增，三人还没有走到桥中间，大桥就经受不住了，开始摇晃起来。

鲁班一见不好，急忙跳进水中，用手撑住大桥的东

赵匡胤（927—976），宋太祖赵匡胤，大宋王朝的建立者。他在位16年，在位期间，加强中央集权，提倡文人政治，开创了我国的文治盛世，是一位英明仁慈的皇帝，是推动历史发展的杰出人物。

■ 张国老 张姓果名，隐于襄阳条山。唐代武则天时已逾百岁，多次被武后、唐玄宗召见，还被唐玄宗授以银青光禄大夫，赐号通玄先生。以后他以"年老多病"为由，又回到仙翁山去了，是当时有名的道士。后来他被神化了，成了八仙之一。

侧，大桥才转危为安，张果老三人顺利地走过了大桥。张果老当面认输，只好从此开始倒骑着毛驴子了。

因为鲁班撑大桥时使劲太大，大桥东拱券下便留下了他的手印。桥上也因此留下了驴蹄印、车道沟、柴王爷跌倒时留下的一个膝印和张果老斗笠掉在桥上时打出的圆坑。

大桥是鲁班建造的传说以及张果老倒骑毛驴的故事，被民间口口相传，流传十分广泛。其中最有名的，就是那首脍炙人口的民歌《小放牛》这样唱道：

赵州桥是什么人修？玉石栏杆什么人留？
什么人骑驴桥上过？什么人推车轧了一道沟……
赵州桥是鲁班爷修，玉石栏杆圣人留，
张果老骑驴桥上过，柴王爷推车轧了一道沟……

阅读链接

传说五代时期后周皇帝柴荣听到鲁班在赵州修桥的消息后，他为国家有这样的贤良能人而感到十分高兴。他化装成普通百姓，推上独轮车，并由殿前亲点检赵匡胤拉车，到赵州桥考察封赏鲁班。

柴荣的小车将至桥中，因为车沉桥陡，柴荣脚下一滑，单膝跪在桥上，在桥面上压了一个膝印和一道车沟。鲁班看出这人是世宗皇帝，急忙上前跪拜。

柴荣说："你为民修桥有功，任你挑选，朕要封你为官。"

鲁班拜谢圣意，表示愿做工匠一世，别无所求。柴荣大喜，当场书写"鲁班仙师"匾额一块，赐予鲁班。

李春设计建造赵州桥

　　鲁班在赵州修桥仅仅是一个美丽的传说而已，真实的情况其实是这样的。隋代统一我国后，结束了长期以来南北分裂、兵戈相见的局面，大大促进了当时当时社会经济、文化等各方面的发展。

■ 赵州桥影壁墙

涿郡 公元前201
年分广阳郡南
部、巨鹿郡北部
及恒山郡一部，
置涿郡，直隶于
汉代朝廷，治所
在涿县，就是后
来的河北涿州，
辖涿县、范阳县
等21县。583年，
隋文帝撤涿郡，所
辖区域并入幽州。

■ 李春铜塑像

在当时，河北的赵县是南北交通的必经之地，从这里北上可到达重镇涿郡，南下可抵达京都洛阳，因此，这里的交通十分繁忙。

但是，赵县这一交通要道在当时却被城外的河流所阻断，严重影响了人们的交通往来，而且每当洪水季节甚至不能通行。

鉴于这种情况，605年，当地官府决定在洨河上建造一座大型石桥，以结束长期以来交通不便的状况。于是，官府就选派造桥匠师李春负责大桥设计和施工的主要工匠，在洨河建造大桥。

李春就地取材，选用附近州县生产的质地坚硬的青灰色砂石作为建桥石料。

在石拱砌置方法上，李春均采用了纵向的砌置方法，就是整个大桥是由28道各自独立的拱券沿宽度方向并列组合而成的。拱厚皆为1.03米，每券各自独

■ 赵州桥远景

立、单独操作，相当灵活。

每券砌完合龙后就成了一道独立拱券，砌完一道拱券，移动承担重量的"鹰架"，再砌另一道相邻拱。

这种砌法有很多优点，它既可以节省制作"鹰架"所用的木材，便于移动，同时又有利于桥的维修，一道拱券的石块损坏了，只要嵌入新石，进行局部修整就行了，不必对整个桥进行调整。

李春还根据自己多年来丰富的实践经验，经过严格周密地勘察和比较，他选择了洨河两岸较为平直的地方建桥。

这里的地层是由河水冲积而成，地层表面是久经水流冲刷的粗砂层，以下是细石、粗石、细砂和黏土层。

根据后来测算，这里的地层每平方米能够承受45

拱券 是一种建筑结构，简称"拱"，或"券"，又称"券洞""法圈""法券"。它除了竖向荷重时具有良好的承重特性外，还起着装饰美化的作用。其外形为圆弧状，由于各种建筑类型的不同，拱券的形式略有变化。

■ 赵州桥美景图

吨至66吨的压力，而赵州桥对地面的压力为每平方米50顿至60吨，能够满足大桥的要求。李春选定桥址后，便在上面开始建造地基和桥台。

桥台是整座大桥的基础，必须能承受大桥主拱券轴向力分解而成的巨大水平推力和垂直压力。

李春在建造大桥时，采取了低拱脚，拱脚在河床下仅半米左右。还采用了浅桥基，桥基底面在拱脚下1.7米左右。还建造了短桥台，由上至下，用逐渐略有加厚的石条砌成5米长，6.7米宽，9.6米高的桥台。

这是一个既经济又简单实用的桥台。为了保障桥台的可靠性，李春采取了许多相应的固基措施。

为了减少桥台的垂直位移，就是由大桥主体的垂直压力造成的下沉，他采取了在桥台边打入许多木桩的措施，以此来加强桥台的基础。这种方法在后来的厂房、桥梁的建造上还经常采用。

金刚墙 是指券脚下的垂直承重墙，又称"平水墙"，它是一种加固性质的墙。古建筑对凡是看不见的加固墙都称为金刚墙。此外，梢孔内侧以内的金刚墙一般做成分水尖形，故称为"分水金刚墙"，梢孔外侧的叫"两边金刚墙"。

为了减少桥台的水平移动，就是由大桥主体的水平推力造成的桥台后移，李春采用了延伸桥台后座的办法，以抵消水平推力的作用。

为了保护桥台和桥基，李春还在沿河一侧设置了一道金刚墙，一方面可以防止水流的冲蚀作用；另一方面金刚墙和桥基、桥台连成一体，增加了桥台的稳定性。

这些措施保证了大桥具有坚固的桥台，提高了大桥的坚实程度。

李春及其他工匠在设计和施工的过程中，提出了许多技术上的创新方案，他和工匠们一起创造性地采用了圆弧拱形式，使石拱高度大大降低了。

李春采用圆弧拱形式，改变了我国大石桥多为半圆形拱的传统。我国古代习惯上把弧形的桥洞、门洞之类的建筑叫作"券"。

圆弧拱 是取某圆周的一部分构成巷道拱部的形状。其拱形圆滑一致，并且在巷道周围压力作用下不易产生应力集中，支护结构受力状态好。此断面利用率较高，可减少开挖工程量，施工技术亦较简单，是采用较多的一种断面形式。

■ 具有"神桥"之称的赵州桥

桥的国度

穿越古今的著名桥梁

■ 赵州桥的桥面

石桥 即用石料建造的桥梁。有石梁桥和石拱桥，历史都很悠久。中国历史上著名的石梁桥有洛阳桥和虎渡桥。由于石梁抗弯能力较差，现已只能在人行桥或涵洞中使用。石拱桥不仅在历史上有过辉煌成就，在现代铁路和公路桥上也发挥了一定作用。

　　一般石桥的券，大都是半圆形。但在洨河上建桥跨度很大，从这一头至那一头有37.04米。如果把券修成半圆形，那桥洞就要高18.52米。这样车马行人过桥，就好比越过一座小山，非常费劲。

　　还有就是施工不利，半圆形拱石砌石用的脚手架就会很高，增加施工的危险性。

　　李春设计大桥的券小于半圆的一段弧，这既减低了桥的高度，减少了修桥的石料与人工，又使桥体非常美观，很像天上的长虹。

　　李春把桥的主孔设计成净跨度为37.02米，而拱高只有7.25米，拱高和跨度之比为1比5左右。这样就实现了低桥面和大跨度的双重目的，桥面过渡非常地平稳，车辆行人也非常方便，而且还具有用料省、施工方便等优点。当然，圆弧形拱对两端桥基的推力相应增大，需要对桥基的施工提出更高的要求。

李春还采用了敞肩的方式进行设计，这是李春对拱肩进行的重大改进。他把以往桥梁建筑中采用的实肩拱改为敞肩拱，即在大拱两端各设两个小拱，靠近大拱脚的小拱净跨为3.8米，另一拱的净跨为2.8米。

李春所设计的这种大拱加小拱的敞肩拱具有优异的技术性能。首先可以增加泄洪能力，减轻洪水季节由于水量增加而产生的洪水对桥的冲击力。古代河流往往每逢汛期，水势较大，对桥的泄洪能力就是个考验。

李春设计四个小拱就可以分担部分洪流，后来根据计算四个小拱可增加过水面积16%左右，大大降低了洪水对大桥的影响，提高了大桥的安全性。

其次，李春采取敞肩拱比实肩拱可节省大量土石材料，能够减轻桥身的自重的设计。后来根据计算，四个小拱可以节省石料26立方米，并能减轻自身重量700吨，从而减少桥身对桥台和桥基的垂直压力和水平推力，增加桥梁的稳固。

第三是增加了造型的优美。四个小拱均衡对称，大拱与小拱构成

■赵州桥全景

■ 赵州桥护栏石刻

桥礅 在两孔和两孔以上的桥梁中除两端与路堤衔接的桥台外，其余的中间支撑结构称为桥礅，也即是多跨桥的中间支承结构部分。桥礅分为实体礅和排架礅等。按平面形状可分为矩形礅、尖端形礅、圆形礅等。建筑桥礅的材料可用木料、石料等。

了一幅完整的图画，显得更加轻巧秀丽，体现了建筑和艺术的完整统一。

第四是符合结构力学理论，敞肩拱式结构在承载时使桥梁处于有利的状况，可减少主拱圈的变形，从而提高了桥梁的承载力和稳定性。

在我国古代，传统建筑方法是，一般比较长的桥梁往往采用多孔形式，这样每孔的跨度小、坡度平缓，便于修建。但是多孔桥也有缺点，如桥礅多，既不利于舟船航行，也妨碍洪水宣泄；桥礅长期受水流冲击、侵蚀，天长日久容易塌毁。

但是，李春在设计大桥的时候，采取了单孔长跨的形式，河心不立桥礅，使石拱跨径长达37米之多，这可是我国桥梁史上的空前创举。

为了加强各道拱券间的横向联系，使28道拱组成一个有机整体，连接紧密牢固，李春采取了一系列技

术措施。他采用了每一拱
券下宽上窄、略有"收
分"的方法，使每个拱券
向里倾斜，相互挤靠，增
强其横向联系，以防止拱
石向外倾倒。

■ 独具特色的赵州桥

在桥的宽度上，他采
用了少量"收分"的办
法，就是从桥的两端到桥
顶逐渐收缩宽度，从最宽
9.6米收缩至9米，以加强大桥的稳定性。

李春还在主券上均匀沿桥宽方向设置了五个铁拉杆，穿过28道拱
券，每个拉杆的两端有半圆形杆头露在石外，以夹住28道拱券，增强
其横向联系，并在四个小拱上也各有一根铁拉杆起同样作用。

李春在靠外侧的几道拱石上和两端小拱上盖上护拱石一层，以保

■ 赵州桥近景

赵县 古称赵州，距今已有2500多年的历史。商朝时，为方国一国之地。战国初属中山国，后归赵国。汉为平棘县，西晋时，平棘治所移到棘蒲，属赵国。北魏置赵郡，曾为赵州治，隋改为赵郡。唐代改赵郡为赵州，明清恢复为赵州。后改为赵县。

护拱石。在护拱石的两侧设计有钩石六块，钩住主拱石使其连接牢固。

为了使相邻拱石贴合在一起，在两侧外券相邻拱石之间都穿有起连接作用的"腰铁"，各道券之间的相邻石块也都在拱背穿有"腰铁"，把拱石连起来。

而且每块拱石的侧面都凿有细密斜纹，以增大摩擦力，加强各券横向联系。这些措施的采取，使整个大桥连成一个紧密整体，增强了整个大桥的稳定性和可靠性。

赵州的洨河上修建起了一座石桥，于是当地的老百姓就叫它"大石桥"。石桥位于赵县的城南，飞跨在洨河之上，因赵县古称"赵州"，所以人们又叫它"赵州桥"。有史记载：

■ 冬季的赵州桥

■ 赵州桥

赵郡皎河石桥，隋匠李春之迹也，制造奇特，人不知其所以为。

意思是赵州桥制造奇特，人们都不知道它是怎样建成的！隋末越王杨侗在皇泰初年，就是618年，他总结赵州桥的营造经验时，称赞李春为"圣人"。

阅读链接

在很久以前，很多到赵州柏林禅寺参访的人，都要从赵州桥经过。相传当时有个人想以贬低赵州桥来讥讽赵州的禅法，他说道："久仰赵州大石桥，怎么我只看到一座小小的独木桥？"

赵州和尚问："你只见独木桥，未见到大石桥？"

这人说："是啊，大石桥是什么样的？"

赵州和尚答："渡驴渡马。"

是这样的，赵州桥默默无语地为南来北往的行人和车马服务，以佛心方便行人，承受驴马践踏；以佛心普度众生，无论高贵低下。赵州桥渡过了多少生灵？古桥不语，流水无言！

雕塑艺术与历次修缮

赵州桥不仅是一座实用性的交通大桥，而且还是我国古代传统文化的一大载体，又是一件不可多得古代雕塑艺术的瑰宝。

赵州桥建筑结构独特，唐代中书令张嘉贞称其为"奇巧固护，甲

■ 赵州桥

于天下"，它被誉为"天下第一桥"，在建筑史上占有十分重要的地位，对后代的桥梁建筑有着十分深远的影响。

赵州桥的玉石栏杆分列两侧，每侧各设21块栏板和22根望柱。布局是中间每侧设蛟龙栏板五块，蟠龙竹节望柱六根，两侧为斗子禾叶栏板和宝珠竹节望柱。

赵州桥的雕饰主要集中在中间部分的栏板和望柱上，龙雕是其精华。

大桥中部每侧有五块蛟龙栏板，六根蟠龙竹节望柱，内外均是龙的形象，每侧有28条龙，两侧共计56条龙。如果再加上主拱券顶部两侧各一个蚣蝮，总计58条龙，从而形成了一个气势恢宏的群龙阵图。

大桥上面的蛟龙奇兽或盘或踞，或飞或腾，跌宕多姿，引人入胜。

在艺术表现手法上既有粗犷豪放的写意，又有精致细密的工笔。布局详略得当，既有局部的变化又有整体的统一，形成苍劲古朴、浑厚豪放的艺术风格。

赵州桥除了具有传说中的仙迹以外，还有玉石栏板和大石桥铭，人们称之为"三稀"，十分有名。

蟠龙 我国民间传说中蛰伏在地而未升天之龙，其形状盘曲环绕。在我国古代一些建筑中，一般把盘绕在柱上的龙和装饰在庄梁上以及天花板上的龙均习惯地称为"蟠龙"。

张嘉贞（665—729），字嘉贞，能诗善赋，以五经举世闻名。他历仕武则天、唐睿宗、中宗和玄宗四朝，官至中书令，累封河东侯，是唐代颇有影响的大臣。

赵州石桥上的栏版大都仿照隋代以前的栏板而建筑，栏板上的龙图案是仿照隋朝图案而雕刻的，隋代的龙身上无鳞，尾巴细长，四爪和身体短健有力。

大桥上所雕的群龙之中，最引人注目的就是位于桥巅的饕餮。饕餮是传说中一种贪吃的怪兽，此兽以贪吃和凶险为特征。

赵州桥上的饕餮占据了大桥顶部最中间位置的整块栏板，毛发分披，两耳竖起，两只大眼凶光毕露，欻欻开合，怒视前方。

此恶兽形象与两旁飘逸的蛟龙形成了巨大的反差和鲜明的对比，使人望之生畏，不敢久留，这样就不会因桥上滞留多人而发生事故，从而达到通济利涉的目的。此乃以恶兽示警，实现劝善目的。

1086年至1096年，哲宗皇帝赵煦在北巡途中，深为赵州桥的雄奇壮丽所动，于是赐赵州桥正名为安济

■ 赵州桥护板

桥，是取"利贯金石，强济天下，通济利涉，安全渡过，万民以福"之意。

赵州桥南桥头下还有一块汉白玉的标志牌，牌上刻着"安济桥"三个大字，这就是赵州桥的正名，也是官名。这正是北宋时哲宗皇帝赵煦所赐，所以赵州桥的正名叫"安济桥"。

在1563年，因为卖柴者在赵州大石桥下烤火，火势延烧，致使桥石出现小的缝隙，但因为有腰铁锁着，桥上照样有重物通过。看见这种情况，当地有居敬兄弟出面向知县李方至请求修缮石桥。

居敬兄弟也就是张居敬、张居仁，他们俩是明代举人张时泰之子，兄弟两人也是为官的，他们各捐资数十金，并倡导大家捐资，还从赵州境内募缘数千缗，把赵州桥修葺如故，颇得知州、知县和远近百姓称颂。

1821年，知州李景梅让庠生王元治负责修缮赵州

李景梅 字魁春，号仙原。明代嘉庆年间，任赵州知州。他为官数载，不但清正廉明，福泽一方，而且才华横溢，是当时颇负盛名的大书法家。最为世人称道的，便是他为"赵州桥"题写的"古桥仙迹"四个匾额大字，风神潇洒，令人美叹！

■ 赵州桥辅桥

桥。李景梅率先捐资数十缗，在他的带动下，赵州境内众百姓纷纷出资，筹资很快完成。

修缮工程竣工后，知州赐予"急公好义"的匾额以表彰王元治。

赵州桥建成后差不多有1400年，它经历了10次水灾、8次战乱和多次地震，但丝毫都没有遭到破坏。

赵州桥的地理位置，在古代有"吞齐跨赵"的说法，地处兵家必争的咽喉要道，交通十分繁忙。大桥自建成后，就一直作为实用性交通大桥而使用，车马行人摩肩击毂，日夜不息。

赵州桥在漫长的历史长河中，历经车马重轧，战乱之祸，地震水患，风雨侵蚀，却一直安然雄踞于洨河之上，在桥梁建筑史上堪称一大奇迹。

阅读链接

由赵州桥贯穿的历史古道，过去老百姓一直把它叫作"皇道"。在隋代时经由赵州桥这条南北大通道，向南可直达东都洛阳，向北则贯穿涿郡，直通北京城。

当年乾隆皇帝下江南时，三次所走的陆路，都是从赵州桥上经过而南下的。乾隆帝第一次是奉皇太后巡幸中州河洛之地，是为君临嵩岳之行；后两次则是著名的"南巡"之举。乾隆三过赵州，并在柏林禅寺为这块土地留下了可观的诗作和笔墨。

宝带桥

　　宝带桥始建于816年至819年，它是由刺史王仲舒主持建造的，已经有1000多年的历史了。

　　宝带桥位于江苏省苏州京杭大运河边，跨澹台湖口玳玳河，为历代纤道所经。宝带桥用坚硬素朴的金山石筑成，桥长316.8米，宽4米，桥孔53孔。

　　宝带桥是我国最长的一座古代多孔联拱石桥，其中的三孔联拱特别高，用来通大船，两旁各拱路面逐渐下降，形成弓形弧线。宝带桥构造复杂而又结构轻盈，风格壮丽，奇巧多姿，成了江南名胜。

仙女玉带化作宝带桥

相传在很早的时候，天廷里面住着一位仙女，她看似每天过着无忧无虑的生活，但有时感到十分寂寞。

每当她感到百无聊赖的时候，就会去找其他仙女聊天，聊着聊着就听说人间有一个地方叫姑苏，那里山青水秀，土地肥沃，物产丰富，人们安居乐业，过着天堂般的生活。

有一天，仙女终于动了凡心，她便悄悄地离开了天廷，驾着祥云

■ 太湖公园

■ 苏州宝带桥

来到了姑苏太湖的上空。此时250平方千米的太湖，风平浪静，72个岛像散落的珍珠一样镶嵌在湖面上。这时天色已接近黄昏，湖面上白帆点点，正是渔民满载鱼虾归航的时候。

仙女就向东飞过天平、灵岩两山，来到了姑苏城上空。仙女放眼望去，只见湖的两岸，聚集着南来北往的过客，行人车马熙攘，丝竹管乐隐约可见。

当地的人们，因为苏州太湖的湖水澹澹，因此又称它为"澹澹湖"。仙女回头看了一眼身后的澹澹湖，然后拨转云头，不一会儿就来到澹澹湖上。

澹澹湖虽小，但湖面上却是白浪滚滚，让人觉得十分险恶。仙女忽然看见一艘小渡船，在巨浪中艰难地搏击着行进。

仙女看着船夫焦急的神情，便动了慈悲恻隐之心，于是她解下腰间的玉带，随手抛向了湖面。玉带在风中飘飘荡荡，落到了湖上，瞬间便化成了一座五十三孔的石桥。

湖水顷刻变得风平浪静了，原来是玉带化作的桥

天庭 也就是天帝的宫廷。指天地形成前的时期天斗统治三界，但天斗未称帝，并非天帝，故而三界的中央权利中心称之为"天庭"。主要管辖仙界，相对来说对"灵界"和"冥界"的管辖还停留在形式上。自玉帝统治三界之后，三界的中央权力中心称为"天庭"，三界都归其所管辖。

■ 横卧于澹澹湖的宝带桥

梁镇住了湖中兴风作浪的湖怪。两岸的人们欢呼雀跃，他们第一次步行走过了澹澹湖。

从此以后，村民的生活恢复了往日的平静。可是由宝带变化而成的大桥，它的桥孔经常变化无常，让人们都感到十分惊恐。当地的一个渔民为了防止发生不测，便想了个办法，他带上100根竹签，依次在每个桥孔下放上一根，最后剩下46根。

从东望去，仙女抛下玉带化成的石桥，背衬青山，下托绿水，恰似一条宝带飘卧在澹澹湖口，宝带桥的美名便由此而生了。

尤其到了中秋之夜，澹澹湖面，宝带桥旁，当皓月高挂夜空，人们就会看到桥孔倒映，恰似圆月，就会忘了自己是在人间，还是进入了仙境。宝带桥犹如"长虹卧波"横卧在大运河和澹台湖之间。

阅读链接

传说那只被仙女玉带镇住的湖怪不服输，就附在桥头的石狮上，每当夜深人静的时候，它便变成女儿身，到周围的村庄作孽，迷惑那些轻浮的青壮年。

但是，有一位不被女妖美色所迷惑的美少年，他非常勇敢，他趁女妖吐舌害人的时候，挥剑将女妖的舌头斩下来了。女妖从此不敢出来害人了。

王仲舒修建宝带桥

　　仙女抛玉带化作宝带桥，以及其他美丽传说，都说明了宝带桥在人们生活中的重要性，因此被赋予了种种传奇的色彩。

　　苏州城的太湖上原来的确没有桥，宝带桥始建于唐代。那时在江、浙一带，水网密布，到处都是渔民，这里自古就被称作"鱼米之乡"。所以，历代帝王都把这里作为征敛财赋的重地。

■ 苏州宝带桥

漕运 我国历代王朝将征置田赋的部分粮食经水路，送往京师或其他指定地点的运输方式。水路不通处辅以陆运，多用车载，故又合称"转漕"或"漕辇"。运送粮食的目的是供宫廷消费、百官俸禄、军饷支付和民食调剂。这种粮食称"漕粮"，漕粮的运输称"漕运"，方式有河运、水陆递运和海运三种。

在610年开凿了京杭大运河，将江浙地区的粮食和珍宝大量运往北方的京都。

至唐代，漕运就已经空前繁忙了。从苏州至嘉兴的一段运河为南北方向，秋冬季节货船要顶着西北风前进，不背纤是很难行进的。

而且纤道在澹台湖与运河交接处，有着一个宽约三四百米的缺口。如果填土做堤连接牵道，会切断苏州各湖经吴淞江入海的通路，而且路堤容易被湍急的湖水冲决。因此，在这里修建一座大桥是最好的选择。

当时在任的苏州刺史王仲舒，为了保证漕运的顺利畅通，他下定决心在此建造一座桥梁。

816年，王仲舒带领许多能工巧匠开始动工，历时四年时间终于将大桥建成。从此以后，船工纤夫和过往的人们都得到了极大的便利。

在修建大桥的开始阶段，由于当时的官府财政十分紧张，王仲舒就慷慨捐出自己的玉质腰带，用来充

■ 太湖风光

■ 苏州盘门桥

资建桥，宝带桥也就由因此得名了。

大桥建成后，有人说大桥好像一条悬浮在水上的宝带，真是恰如其实的美妙。从远处看去，宝带桥真像是一条飘动在绿色原野上的玉带，这样的命名显然可能是从它的观感角度出发的。

宝带桥用坚硬素朴的金山石筑成，桥长316.8米，桥孔53孔，是我国古代桥梁中最长的一座多孔石桥。其中三孔联拱特别高，以通大船，两旁各拱路面逐渐下降，形成弓形弧线。

宝带桥上的石塔高4米，它是以整块青石雕琢而成，底座正方形刻有海浪云龙纹，每级八面，各自都设有佛龛，龛内镌有佛像。而且在宝带桥的26孔与27孔间的水磐石上，也有同样的石塔一座。

宝带桥的两端各有一对威武的青石狮，北端还有四座碑亭和五级八面石塔各一座。北端的一对石狮一直蹲着迎接来往的客人，南端的一对早已经沉入深不见底的河床了。

云龙纹 是龙纹的一种，因其构图上以龙和云组成纹饰，故名。龙为主纹，云为辅纹，龙或作驾云疾驰状，或在云间舞动。始见于唐宋瓷器上，如晚唐五代越窑各色瓷瓶上的云龙纹、宋定窑印花盘上在祥云间盘曲舞动的龙纹等。元、明、清时期瓷器上云龙纹更为多见。

柔性礅 指的是礅身较细长，礅顶可随着上部结构顺桥向方位移动而相应变位的桥礅，是一种纵向刚度很小的桥礅。这种桥礅不能单独使用，必须通过桥跨与纵向刚度很大的刚性桥礅串联，形成共同承受纵向水平力的结构。

宝带桥北端的石塔坐落在离桥约2米处，高3米。在宝带桥的27孔和28孔之间也有同样的石塔一座。正是这样的一些附属物，为宝带桥的风光增添了姿色。

王仲舒同工匠们一起施工设计规划并构筑长桥，他们打破江南建桥的常规，不采用"垂虹架空"的石拱形建桥方式，而是将大桥设计成"宝带卧波"式的长堤形。

王仲舒和工匠们采用了多孔、狭礅以及"挽道"的结构，使湖水大大通畅了，提高了泄洪的能力。这也是宝带桥能够保留下来的一个关键创举。

在宝带桥的建造工程技术上，他们采用的是多孔薄礅联拱石桥，使用的材料是柔性礅。这样的建造方式和材料的考虑可以防止多桥孔连锁倒塌。

宝带桥的砌拱法，既不同于赵州桥的单拱并合，也不同于卢沟桥的条石弧砌，而是采用了结合两者优势的多绞拱。这样的多绞拱在古代也是罕见的。

宝带桥后来经过了历代的多次重修，大桥建成以

■ 太湖上的桥

后，屡受创伤，也历经了多次的兴废。唐、宋、元、明、清五代曾六次重建重修，后来清代湖广总督林则徐也主持维修过一次。

1436年至1446年期间，庐陵周忱如以工部右侍郎身份巡抚此地，与苏州知府及吴县、长洲知县共同商议重建宝带桥，此时才建成了保存至后来的53孔石拱桥。

宝带桥不仅改善了大运河和澹台湖之间的交通条件，而且因其制造精巧，景色绮丽，又是处在苏州古城，横卧在大运河和澹台湖之间的玳玳河上，故有苏州第一桥之美称。

阅读链接

在宝带桥何时能看到"串月"呢？据说一般在农历八月十八晚上能看到串月，但也有人说在八月十六或十九的前后各有一天晚上也能见到串月。

而当地的人们说，在二月十八晚上也可见到串月。赏串月的具体时间，亦有黄昏、月光初起和半夜等几种说法。

有谁见到"串月"呢？据说，仅有明末清初的著名诗人钱牧斋和徐元叹见到，其后就别无他人了，其余人只是对串月奇观的描述。

宝带桥的千古美名

苏州越城桥

宝带桥已经有上千年的历史了，桥面平坦，下由53孔连缀，整座桥狭长如带。全桥构造复杂而又结构轻盈，风格壮丽，奇巧多姿，成为我国江南负有盛名的一座文明古石桥。

从远处望去，整座宝带桥狭长如带，多孔联翩，倒映水中，虚实交映，犹如苍龙浮水，又似鳌背连云，不仅为行人纤夫提供了方便，还为江南水乡增添了旖旎景色。

元代高僧善住曾有一首描绘宝带桥的诗：

借得它山石，还拼石作梁。

直从堤上去，横跨水中央。

白鹭下秋色，苍龙浮夕阳。

涛声当夜起，并入榜歌长。

从诗中不难看出，远在元代，宝带桥就不仅是一座颇具规模的石拱桥，而且肩负着繁忙的运输任务了。

英国杰出外交家马嘎尔尼在18世纪末期，千里迢迢来到我国，他见到了乾隆皇帝，却为下跪的问题闹得很不愉快。随后有一个法国学者，专门写过一本书，讨论这件事情。

法国学者形容马嘎尔尼和乾隆的相见，一个代表着世界上最强大的帝国，一个代表着世界上最古老的帝国，都很有傲慢的资格，再加上文化的巨大差异，产生矛盾与冲突是必然的。

不过，除了不愉快，一路上中国这个东方古国的自然风光和人文景观，还是让马嘎尔尼时时有惊喜。

鳌 海里的大龟或大鳖。传说女娲补天时曾经"断鳌足以立四极"，又有传说东海中有巨鳌驮着的三座仙山：蓬莱，方丈，瀛洲。龙生九子，九子各不同。鳌是龙头龟背麒麟尾的合体鱼龙。

■ 太湖风光

马嘎尔尼的一位同伴还称这座桥是不可思议的建筑物。这座桥就是苏州附近运河上的宝带桥。在以河运为主的时代，宝带桥见证了无数南来北往的船影，那些船影里面有着隐藏的历史风云。

春去秋来，年复一年，宝带桥一直静卧在湖口，注视着世间万物的更新变换，默默地为南来北往的旅客提供着方便，与闻名于世的京杭大运河一起，为苏州的繁荣做出了贡献。苏州宝带桥，在古石桥的历史长河中，源远流长！

阅读链接

清代晚期诗人徐崧曾目睹了宝带桥的重修，他并题诗一首叫《见宝带桥重修有作》：

澹台湖在具区东，利涉全资宝带功。

山对楞伽邀串月，塘连莘水捍冲风。

石狮对坐行人过，水鸟群飞钓艇通，

乱石圮崩谁再建，捐资直欲媲王公。

由此可见，澹台湖与宝带桥自古桥建成之日起，就是一体的，简直密不可分。

鱼沼飞梁

鱼沼飞梁修建于384年至534年，起始是为晋国始祖叔虞周武王次子而建的，后来在1023年重建。我们常说的鱼沼飞梁为北宋遗物。

鱼沼飞梁东西桥面长15.5米，宽5米，高出地面1.3米，东西向连接圣母殿与献殿；东北桥面长18.8米，宽3.3米，两端下斜至岸边，与地面平行。

鱼沼飞梁是一座十字形的桥梁，也被称作"十字桥"。这种十字形桥为世界独有的一例。在后来，鱼沼飞梁被誉为"世界上最古老的立交桥"。

汇聚著名泉潭池的晋祠

唐叔虞塑像

相传那是在西周时期，周武王姬发之妃邑姜怀孕的时候，梦见天帝说："我给你的儿子起名为虞，将来在唐地兴国立业，那里是参宿的分野，叫他在那里养育自己的子孙。"

说来也巧，在当时山西南部的翼城、曲沃和绛县之间，确实有一个殷商时期分封的诸侯小国叫"唐"，依山枕水，美丽富饶。

胎儿出生后，手上果然有个"虞"字，于是，邑姜就给他起名"虞"，他就是周朝晋国的始祖唐叔虞，邑姜因此被后世尊为"天圣"。

唐叔虞，姓姬，名虞，是周武王幼

■ 鱼沼飞梁

子，周成王姬诵的同母弟弟。周武王死后，周成王姬诵年幼，便由周武王的弟弟周公摄政。周公灭掉殷商封国唐后，就遵照邑姜的意愿把唐封给了叔虞。

公元前1054年，周都镐京举行了盛大册封仪式。在典礼上，周成王把唐地分封给了叔虞，并准许叔虞因地制宜，从唐国实际情况出发治理当地。叔虞在唐时，励精图治，鼓励民众发展农牧生产，兴修水利，使民众逐步过上了安定、富足的生活。附近的许多部落先后归附于他，使唐国疆土日渐扩大了。

叔虞之子燮父继位后，迁都于晋水之旁，因境内有条晋水河，便改国号为晋，这就是晋国历史的开始，也是后来山西简称"晋"的由来。作为晋国立国创业的始祖，叔虞的历史功绩不可磨灭，因此他得到了后人称颂。人们为了祭祀他，就在叔虞曾经的封地上建了一座"唐叔虞祠"，也就是后来的"晋祠"。

晋祠所处悬瓮山麓，背负悬山，面临汾水，依山就势，利用山坡之高下，分层设置，在山间高地上充分向外借景，依地势的显露，山

■ 鱼沼飞梁十字桥

势的起伏，构成了晋祠周围壮丽巍峨的景观。

据有关记载，北魏时期晋祠里面的主要建筑祠、堂、飞梁都已具备了，也就是说早在1500年前，晋祠在晋阳就已经具有相当大的规模了。在漫长的岁月中，晋祠曾经过多次修建和扩建，面貌不断改观。

北齐天保年间，文宣皇帝高洋将晋阳定为陪都，又在晋祠"大起楼观，穿筑池塘"，进行了一次大扩建。晋祠的难老泉亭、善利泉亭、八角莲池、雨花寺、上生寺等，都是这个时期的建筑。

晋祠坐北朝南，山门三楹，门外台阶高耸。院中设享堂，将祠宇隔为前后两进。叔虞像端坐大殿神龛正中，身穿蟒袍，手执玉圭，神采奕奕。神龛内左右各有一侍童待召，神台下文臣武将对峙而立。

难老泉俗称南海眼，位居水母楼前，是晋水的主要源头，因其水温恒定而清澈如碧玉，常年不息，所以有人便摘取我国最早诗歌总集《诗经·鲁颂》中"永锡难老"的锦句命名其为"难老泉"。难老泉有"晋阳第一泉"之称，泉水自悬瓮山底岩层涌出，潜流10多米，从水塘西岸半壁的石雕龙口注入溏中，看似白练飞舞，听如鸣琴合奏，构成了晋祠八景之一的"难老泉声"，此景为晋祠胜景的精华所在，也是"晋祠八景"之最。

难老泉上建有"难老亭"，泉亭下端的清潭西壁半腰间，有汉白玉雕成的龙头，泉水由此向东喷水，泻入下方清潭。

清潭又名金沙滩，也叫"石塘"，在晋祠中的圣母殿南面，潭水清澈见底，游鱼历历可数，水中草藻，四季常青。

善利泉又名北海眼，一年四季，水温如常，泉流如玉，晶莹剔透，游鱼细石，清洌可视。

八角莲池又名放生池，形八角，周围有矮砖的护栏。善利泉水自西北入，鱼沼水自西南入，东有浅水口通北河。八角池中植莲，一向被人们所赞赏，有"莲池映月"之称，为晋祠内八景之一。

总之，晋祠经过北齐扩建后，其规模更胜于北魏。当时，著名文人祖鸿勋曾写了篇《晋祠记》，盛赞晋祠的山光水色和亭台楼阁。可见，晋祠里面的泉、潭、池非常有名，可以说这里是一块风水宝地。

阅读链接

有一年夏天天气特别炎热，身披铁甲的鱼沼飞梁桥边附近金人台上的晋祠铁人忍受不了这难熬的痛苦，独自走到汾河边，见一船家，便要求船家把他渡到对岸。

船家说："渡你一人，人太少，再等有无旁人。"

晋祠铁人说道："你能渡我一个，就算你有能耐啦！"

船家看了看铁人说："你能有多重，一般船不止装一人，除非你是铁铸的。"话一落音，一语道破了铁人的本相。瞬间，铁人立在汾河边，纹丝不动了。

船家抬眼一看，面前立着一位铁人，这不是晋祠的铁人吗？赶忙找了一些乡亲，把铁人抬回金人台。

圣母勒令手下将领，把铁人的脚趾上连砍三刀，表示对铁人不服从戒律的惩罚。铁人的脚上从此留下了三道刀的印痕。

鱼沼飞梁的建构与美誉

晋祠里面既然汇聚了有名的泉、潭、池，可谓是福水长流。有水便有桥，晋祠的修建者也把里面的桥修建得巧夺天工一般，真是名水配名桥。

■山西晋祠鱼沼飞梁

晋祠里的桥被称为鱼沼飞梁。北魏文学家郦道元
的《水经注》中记载：

> 际山枕水，有唐叔虞祠，水侧有凉堂，
> 结飞梁于水上
> 山海经曰："悬瓮之山，晋水出焉"……
> 后人……蓄以为沼……结飞梁于上。

这段描述说明了鱼沼飞梁是建造于北魏之前的，
可能是后来经历了经过毁坏与重修才又完整地保留了
下来。其中北宋年间就有一次重建的记录。

在1023年至1032年，宋徽宗为追封唐叔虞为汾东
王，并为他的母亲，建造了宏伟的圣母殿，同时利用
殿前的泉水筑了砌石泉池，并在上面修建了一座十字
形桥梁，据推测应该是在原来的基础上重修的。

因为古时候人们以圆形为池，方形为沼，因方形
的沼池原为晋水第二大源头，流量甚或大，游鱼非常

郦道元（470—
527），北朝北
魏时期地理学
家、散文家。仕
途坎坷，终未能
尽其才。他博览
奇书，幼时曾随
父亲到山东访求
水道，后又游历
泰岭、淮河以北
和长城以南广大
地区，考察河道
沟梁，收集有关
的风土民情、历
史故事、神话传
说，撰《水经
注》40卷。他是
我国游记文学的
开创者，对后世
游记散文的发展
影响颇大。

■ 鱼沼飞梁的斗拱

献殿 位于鱼沼飞梁的前面。这座大殿原来是祭祀圣母、贡献礼品的场所。1168年创建，1594年修葺。面阔三间，进深两间，斗拱简洁，出檐深远，外观酷似凉亭，但整体结构轻巧稳固。

地多，所以取名"鱼沼"。

人们又本着"架桥为座，若飞也"，以及"飞梁石磴，陵跨水道"的说法，而且沼上架十字形板，桥沼内立34根约30厘米的小八角形石柱，柱头使用了明显卷杀手段，使柱头呈弧形，形成柔美而有弹性外观。

石柱的顶架斗拱与横梁，承托着上面的十字形桥面，整个造型犹如展翅欲飞的大鸟，所以就叫作"飞梁"。也就是说此桥是建造在鱼沼上的飞梁，所以这座桥的建造者后来就称它为"鱼沼飞梁"。

鱼沼飞梁是一座精致古桥建筑。北宋时期与圣母殿几乎同时建造，它很大一部分是北宋时期间保留下来遗物。桥面呈十字形形状，东西长19.6米，宽5米，高出地面1.3米，前后与献殿和圣母殿相接，南北桥面长19.5米，宽3.8米，左右下斜连到鱼沼岸边。

鱼沼飞梁的桥梁周围插着一排大小一致的勾栏，这些勾栏可以用来围护沼池，又能用来供行人扶靠，保证行人的安全。

鱼沼飞梁的南北桥面的两侧，原来各有石质卧狮一对，后来只留下东北和东南端的两个。这两对卧狮造型生动，都在和身边自己的幼狮嬉戏打闹，西侧的这两对石狮应该是与鱼沼飞梁是同时的产物。

鱼沼飞梁东侧的这对铁狮原本是宋代作品，铸于1118年，一雄一雌，骨骼强健，造型生动，毛发拉直，威武而独特，也是古代的铸品佳作。

古代的桥梁大多数是一字形，只有鱼沼飞梁连通了沼池的两岸及四方结合成为十字形，所以在此举上可谓匠心独具。

鱼沼飞梁是我国少有的一种十字桥梁形式，在方形沼内，柱头置木斗拱与梁枋，承石头桥板与石栏

■ 鱼沼飞梁勾栏

■鱼沼飞梁及圣母殿

杆，石桥面中高两侧面低，木斗栱与梁枋改变了石桥面的推力传递方向，使重量垂直传到桥柱上，桥柱从梁枋荷载角度分布间距宽窄不等。

鱼沼飞梁桥梁充分利用材质在三种环境中特长，石柱水中耐腐，木材韧性与塑性，石桥板耐磨、防火，达到了桥梁坚固、美观、耐久的效果。鱼沼飞梁凝集了中华民族古代劳动人民的辛劳与血汗，更是智慧结晶，由于年代久远，被称为我国古代最早的十字桥。

十字飞梁的形制构造是我国保存下来的古桥中仅有的一例，因而其价值极为珍贵。

阅读链接

鱼沼飞梁所在的太原晋祠中，有周代种植的柏树、隋代种植的槐树、唐代刻立的石碑、宋代建造的殿堂和塑造的彩色泥塑像、明清时期的建筑，加上这千古闻名的鱼沼飞梁，晋祠成为人们创造的最值得自豪的文明成果之一。

圣母殿、鱼沼飞梁和献殿被称为三大国宝级建筑物。

洛阳桥

洛阳桥是名闻海内外的我国四大古桥之一，建于1053年，1059年建成。

洛阳桥由当时郡守蔡襄主持兴建，工程十分艰难，历时近七年。桥原长约1.2千米，宽约5米，有46座桥礅，500个扶栏，28只石狮，七座石亭，九座石塔，规模宏大。

洛阳桥是我国古代著名的梁式石桥，坐落于福建省泉州市东约10千米、与惠安县分界的洛阳江上。洛阳桥是世界建桥史上一座重要的里程碑，被誉为"天下奇桥"，桥头有一块匾额，上面写着"海内第一桥"。

吕洞宾助蔡襄造桥

　　宋代以前，在福建泉州东郊的洛阳江上没有桥，只有一个渡口，叫"万安渡"，是南来北往的交通要冲，过江只有靠船，十分不便。因为这里靠近入海口，江面开阔，风大浪大，十分危险。

■ 洛阳桥的桥面及栏杆

■ 福建泉州洛阳桥

传说当年真武大帝得道成仙之时，曾将他的肠肚丢进洛阳江里了，年代一久，真武大帝的肠子就变作了蛇妖，肚子变成了龟精。蛇妖与龟精在洛阳江上兴风作浪，渡船常常被风浪打翻，往往乘客船夫统统落水，大多死于非命。

有一年，有位娘家住在惠安的卢氏，她在分娩前从娘家回来，路过万安古渡。这时天已是傍晚了，最后一趟渡船已经离岸向江心划去了，卢氏急忙大声招呼船夫。船夫听到岸上有妇人呼叫，就把船掉头靠岸，让妇人上船。

船驶到江心，忽然风紧浪急，渡船在江心颠簸得十分厉害，乘客个个吓得脸色苍白。眼看就要翻船了，忽然空中传来一声呼喊："蔡学士在此，水怪不得无礼！"

霎时，江上风平浪静，渡船顺利地向对岸划去

真武大帝 真武大帝又称"玄天上帝""玄武大帝""佑圣真君玄天上帝"，全称"真武荡魔大帝"，为道教神仙中赫赫有名的玉京尊神。道经中称他为"镇天真武灵应佑圣帝君"，简称"真武帝君"。民间称"荡魔天尊""报恩祖师""披发祖师"。明代以后，在我国的影响极大。

桥的国度

穿越古今的著名桥梁

《五经》 指儒家的五圣经，即《周易》《尚书》《诗经》《礼记》《春秋》。温柔宽厚，《诗》教也；疏通知远，《书》教也；广博易良，《乐》教也；洁静精微，《易》教也；恭俭庄敬，《礼》教也；属词比事，《春秋》教也。汉武帝立五经博士，儒教国家化由此谓开端。

■ 洛阳江上的洛阳桥

了。全船人无不感到庆幸，知道这是托蔡学士的福。

但是，当船主问遍船上所有人时，竟无一人姓蔡，只有一个怀胎的妇女夫家姓蔡，大家认为这位妇人的腹中之儿，将来也许就是蔡学士。

卢氏笑着许愿说："如果我将来真的生一个男孩，长大后官居学士，一定叫他在这个地方建造一座桥，以保万代平安。"

卢氏回到枫亭的婆家不久，果然生下一男孩，并取名蔡襄。

蔡襄自幼聪明伶俐，七八岁就能熟读《五经》。有一天深夜，蔡襄正在书房读书，突然天上传来阵阵雷声，令人十分恐惧。

蔡襄推开窗户向外观看时，只见云中有一个身鸡公头的巨人，一手握斧头，一手捏盘子，不时用斧头敲击凿子，发出震雷的声音。

蔡襄正看得入神，忽见一粒米不知从哪里飞到书桌上，他拣起那粒米，突然那粒米对他讲话说："蔡

学士，快救救我！"

原来，那粒米是八仙之一的吕洞宾变的，他因犯了天条，玉皇大帝大怒，便派遣雷公来追打他，因此他只得变成一粒米，逃到蔡襄的书房中来了。

雷公知道蔡襄将来是学士，担心打了吕洞宾，会伤到蔡襄，掉头便回天庭复命去了。

吕洞宾见雷公走了，便现出原形，十分感谢蔡襄的救命之恩，并赠送一副笔墨给蔡襄，叮嘱蔡襄如遇困难，可用这副笔墨写字，自然就会逢凶化吉、得心应手的。

■ 蔡襄雕像

1030年，蔡襄参加开封乡试获第一名。1031年登进士第十名，第二年授漳州军事判官，任职四年。1054年至1063年，蔡襄两次在泉州任太守。

蔡襄一到泉州任职，就立即召集属僚乡贤商议在洛阳江上建桥的事，他亲自到江边勘察，下令招募造桥工匠，筹集建桥资金。百姓闻讯奔走相告，欢呼雀跃，一时四面八方的工匠纷纷前来参与建桥。

开工那一天，江岸人山人海。可是，由于洛阳江"水阔五里""深不可址"，一船船石料抛下江中，霎时被汹涌的江涛卷得无影无踪了。龟精蛇怪拼命地翻江倒海，撞沉了好几艘木船。

吕洞宾 原名吕嵒，字洞宾，道号纯阳子，是著名的道教仙人，八仙之一，道教全真派北五祖之一，全真道祖师，钟、吕内丹派、三教合流思想代表人物。在民间信仰中，他是八仙中最著名、民间传说最多的一位。

桥的国度

穿越古今的著名桥梁

■ 洛阳桥旁的佛像

东海龙王 原名叫"敖广"。神话传说中在水里统领水族的王，掌管兴云降雨。龙是我国古代神话的四灵之一。而东海龙王为四王之首，原因在于龙王怕火，而东海龙王手中握有火种。此外，在我国，东方为尊位，按周易来说东为阳，故此东海龙王排第一便是理所应当。

蔡襄简直愁眉不展。一天夜里，仙人吕洞宾托梦对蔡襄说："此事无需过虑，我给东海龙王写封信，让他停潮三天，就可以把桥基砌起来了。"

蔡襄听后大喜，从梦中醒来，只见桌上果然放着一封信，上书"面呈东海龙王"。于是他在堂上问道："谁下得海？"

差役夏德海连忙叩见说："小人便是夏德海，不知大人有何吩咐？"

蔡襄一听大喜，便说："你既下得海，那就把这封信面呈东海龙王吧！"

原来这"夏德海"是他的名字，但他并不谙水性，下不了海，但上命难违，只好硬着头皮去了。

夏德海领命回到家中，把下海投书之事告诉了妻子，其妻不禁失声痛哭，但也无可奈何，只得给夏德海置酒饯行。

夏德海喝得酩酊大醉，昏昏沉沉来到海边，瘫倒在海滩上，被巡夜的虾兵蟹将发现了，将其捉入龙宫，把信交给了龙王。

东海龙王与吕洞宾交情非常深，便让夏德海带回一信。

黎明时分，夏德海从昏睡中醒来，他看见有一封信，上写"面呈蔡襄收"，便急忙将信交给蔡襄。

蔡襄将信打开以后，只见信中只有一个"醋"字。他琢磨了好一会儿才恍然大悟，立刻下令二十一日酉时开始抢修桥基。原来"醋"字可拆为"廿一日"与"酉"。

到了这天，果然海潮退落，水底裸露，桥工们昼夜施工。

蔡襄亲自指挥数千工匠抛石奠基、砌筑桥礅，洛阳江畔车水马龙，穿梭不息，很快一座座坚固的桥礅

053

奠基 是古代在打地基盖房搞建筑或一切破土动工的时候，选择一个吉时，向在此地埋葬的无主坟或者一切生灵祭奠，告知他们将于此地破土动工，请他们知悉并谅解或迁徙他方，这是一种尊重和告慰之礼，也是阴阳和合的我国古代的和谐哲学。是我国古老的传统仪式。

■ 洛阳桥旁的建筑

■泉州洛阳桥

便巍然屹立在江中了。

可是，到了砌筑第四十六座桥礅时，江边的石头已经用尽了，如果不能赶在海水退潮三天的期限内把最后一座桥礅造好，一旦海潮呼啸而来，就会冲毁桥基，前功尽弃！

就在紧急关头，恰巧吕洞宾驾云漫游经过这里，他深为蔡襄建桥的非凡气魄所感动，便不慌不忙地飘落万安山上，轻轻把拂尘一挥，顿时漫山顽石皆点头了。

吕洞宾又把拂尘一挥，山上所有的岩石跃然而起，他再一挥，一块块大石全变成了"猪母"，成群结队奔下山来，跑到海滩，纷纷跳进建造桥礅的江底。转眼间，这些"猪母"又都化作大石头层层堆叠起来了。

有一只"猪母"不小心跌伤了一条腿，走得很慢，落在了后头，赶到江边时，最后一座桥礅已经造好了。它只好卧在旁边，成了一块躯体肥硕的"猪母石"。

当奔腾的海潮再度席卷而来时，蔡襄已经指挥工匠们奠定了桥基。首战告捷，群情鼎沸，欢声雷动，46座桥礅犹如中流砥柱威镇狂澜，吓得龟精蛇怪胆战心惊。

为了铺筑1200米，50米宽的大石桥，急需把数以万计的巨大石板架在桥礅上。这个时节，偏偏缺乏一大批杉木造船装运石料，因此施工进展缓慢，蔡襄为此十分着急。

一天深夜，蔡襄思虑着如何解决这个难题。想着想着，不觉伏在案上睡着了。梦中忽见吕洞宾，指点他差人到清源山麓请"三人一目仙"帮助。

蔡襄一觉醒来，将信将疑，便传唤衙吏夏德海速往清源山探寻究竟。夏德海急忙赶到清源山等候了大半天，也没碰见什么"三人一目仙"的影子。

将近黄昏，忽见三个衣衫褴褛的乞丐，以手搭肩鱼贯而来。为首一个只睁着一只眼睛，另一眼瞎；其余两个，双目皆盲。

夏德海不禁又惊又喜，这不就是"三人一目仙"吗？

夏德海慌忙拔腿奔了过去，一把拦住，苦苦恳求。那三个乞丐见他十分诚恳真挚，也就应允了。其中一个口中念念有词："洛阳江

■泉为洛阳桥

李铁拐 也叫"铁拐李"，他是八仙中年代最久，资历最深的一位。遇太上老君而得道。一天神游华山赶太上老君之约，嘱他的徒儿七天不返可化其身。然而徒儿因母亲病而欲归家，六天即化之。到第七日时，李玄返魂无所归，乃附在一跛脚乞丐的尸体上，蓬头垢面，以水喷倚身的竹杖变为铁拐，故名"李铁拐"。

■ 洛阳桥桥礅

头，古井一口，木可造舟，水可饮酒……"

说罢，三个乞丐忽地全睁开了眼睛，原来竟是吕洞宾、李铁拐和张果老。三仙哈哈大笑，像一阵风飘然而去。夏德海吓得目瞪口呆，赶紧回来报报蔡襄。

数日之后，果然在洛阳江畔一口古井中，喷泉似的涌出许多杉木，蔡襄和造桥工匠喜出望外，都拍掌赞叹不已。建桥民工到井中汲水，一股酒香扑鼻，水喝到肚里顿觉止饥消渴，大家你一口，我一口喝了个痛快。

蔡襄集中了工匠们的智慧，创造出了"筏形基础"，让船尖形的桥礅分开水势，减少了浪潮的冲击力。他又利用海水的浮力，发明了"悬机浮运"，借助潮涨船高，把一块块重达数千千克的大石板，轻轻托举起来铺在桥礅之间，使大桥渐渐显出了奇伟的雄姿。

■ 泉州洛阳桥

有一天，蔡襄发现洛阳江中每一块礁石上，都生长着密密麻麻的牡蛎丛，他心想要是能采用"种蛎固基"的方法，使牡蛎繁殖把桥基和桥礅石胶合凝结成牢固的整体该有多好啊！

蓦然间，江上刮起一阵飓风，下雨似的把满江的牡蛎丛全都吹到洛阳桥礅上了，仿佛打上无数的钢钉，使雄峙江上的石桥更加坚不可摧。

蔡襄惊奇万分，抬头一看，只见南海观音立在云端微笑道："学士苦心精诚可感，方才是我略施小技。"南海观音接着又说："建此长桥，已花金钱1000万两，财库业已匮乏，待我帮你筹足资金，尔后再叫八仙助你除妖，永绝后患！"

说罢，南海观音倏然化作一位绝色美女，泛舟洛阳江边，声称谁若能用金钱投中她，她愿嫁与为妻。一时，沿江两岸人头攒动。

人们围观烟波江上花容月貌的美女，争相投掷金

筏形基础 也称之为"片筏基础""筏板基础"。当建筑物上部荷载较大而地基承载能力比较弱的时候，用简单的独立基础或条形基础已不能适应地基变形的需要，这时常将墙或柱下基础连成一片，使整个建筑物的荷载承受在一块整板上，这种满堂式的板式基础被称作"筏形基础"。

钱。那些平日贪财如命的富豪子弟，不惜抛掷千金万银。金钱雨点般落在小舟上，却无一人能投中。小舟天天满载金钱而归，纨绔子弟则垂头丧气败兴而回。

就这样，蔡襄又筹集了一大笔资金，用于建造长桥两面三翼的扶栏，以及建造"七座亭，九座塔，石狮二十八"。

眼看大桥即将竣工，潜伏江底的龟精蛇怪不肯甘休，它们纠集洛阳江上游的99条蛟龙，掀起狂风恶浪，张牙舞爪，直向石桥扑来。

吕洞宾知道后，就让张果老倒骑着驴子，把作恶多端的龟精踩成了一团烂泥。

铁拐李打开火葫芦，葫芦中立即喷吐出一股浓烟烈火，把那99条蛟龙活活烧死了。这时天上出现彩虹，江上波平如镜，岸上弦歌声声。洛阳江两岸人们喜气洋洋，敲锣打鼓，欢呼历经七年终于建成的跨海长桥。

桥的国度

穿越古今的著名桥梁

阅读链接

在泉州白沙寺的义波和尚，他竭尽心力募集建桥资金，却受到不少朱门豪富的刻薄嘲笑。但他还是不辞劳苦地把俯首讨来的每一个铜钱都用在造桥事业上。

有一回，由于连日风雨，伙房里的柴草都烧光了。临时从山上砍下的柴草，湿漉漉的也烧不着。为了照常施工，早日建成大桥，义波和尚悄悄地掩上伙房的门，毅然把自己的双脚伸入了灶膛中……

说也奇怪，义波和尚的双脚顿时像两根熊熊燃烧的薪木，升腾起炽烈的火焰。当他的双脚烧成灰烬时，伙房里一大锅一大锅的饭都煮熟了，造桥工匠无不感动得流下了热泪。

后来有人作诗赞颂义波和尚的义举："为架虹桥甘舍身，伐薪双膝泣鬼神。釜底炽火红似血，留得千古美名存。"

蔡襄主持修建洛阳桥

其实，早在唐宋之前，泉州一带就居住着越族人。至唐朝初年，由于社会动荡不安，时有战争爆发，所以造成大量的中原人南迁。

在那个时候，迁到泉州及闽南一带的多数为河南、河水和洛水一

■洛阳桥风光

桥的国度

穿越古今的著名桥梁

■ 洛阳桥桥面

史馆 官署名。北齐始置，以宰相兼领，称监修国史。唐时以史馆为衬衫兼领职务之一，置史馆修撰、直馆等官，掌修国史，后为定帽。宋以史馆与昭文馆、集贤院为三馆，其官员并称馆职，为文臣清要之选。元置翰林兼国史院，翰林学士兼修国史。明以修史之职并归翰林院。清置国史馆撰述国史。

带的人士。因此，后来泉州乃至整个闽南地区所用的语系称为"河洛语"，也就是人们所说的闽南语。

这些中原人士带来了中原先进、发达的农业技术和经验，引导当地人们开垦农田和社会发展。他们来到泉州，看到这里的山川地势很像古都洛阳，就把这个地方也取名为"洛阳"。

由于当时的洛阳江水宽2.5千米，整日波涛滚滚。人们往返只能靠渡船，每次遇到大风海潮，常常会连人带船翻入江中，所以，人们为了祈求万无一失地平安过渡，就把这个渡口称为"万安渡"。

早在1041年至1048年间，有个叫李宠的泉州人。他为了群众过桥方便，便在江中筑造了几个石磴，并架上了木板。但作为浮桥，一遇到水急潮涌，浮桥常被冲走，不能解决问题。

后来，人们接受了教训，几年以后，泉州人民纷纷倡议把浮桥改造为固定的石桥。为了顺应民意，在后来的1053年，有位叫蔡襄的人到泉州府任职太守。

蔡襄，字君谟，他原籍本是福建仙游枫亭乡东垞村人，后来迁居莆田蔡垞村了。

他于1030年中进士，先后在宋朝中担任过馆阁校勘、知谏院、直史馆、知制诰、龙图阁直学士、枢密院直学士、翰林学士、三司使、端明殿学士等职，后出任福建路转运使，然后调任泉州太守。

蔡襄任泉州太守期间，为了解除洛阳江沿岸人民的渡江困难，决心建造一座大桥。然而，要在这深不见底、急流浪大的洛阳江上建造大桥，堪比登天还难。

但一心为民的蔡襄却选择了迎难而上，并亲自到万安渡勘察地形、观察水势、请教名师巧匠。最后，他在万安渡选定了一个较为合适的建桥地点。

1053年4月，蔡襄母舅卢锡带领许多人一道来协

■ 泉州洛阳桥

助他建桥。他们广泛宣传，发动群众捐工捐资。在蔡襄的主持下，人们集思广益，就地取材，开采沿江山上巨石用来修桥。

在建桥的过程中，由于海潮汹涌，导致建桥工程一度非常艰巨。于是，他们便采用了一种新型建桥方法，也就是在江底随桥的中线铺满大石头，然后在石堤上用条石横直垒砌桥礅，他们创造式地运用了"筏型基础"来建桥礅。

大桥在沿桥梁中线的河底下，用许多大石条垒成桥礅。这里水深流急，石条抛下去后就会被大水冲走。为了解决这一难题，能工巧匠们反复试验，终于寻找到了一个好办法。

他们等待风平浪静，潮水低落时，同时出动许许多多装满石条的船只，把它们同时填进江里。就这样，他们在水底垒起了一座宽20多米，长约500多米

■ 泉州洛阳桥远景

的水下长堤。长长的桥基就宛如一条水下长龙，静卧江底了。

蔡襄心想，要铺设10米多长、又厚又大的石板，谈何容易，要知道每一块重达二三十吨，怎样把石块运到高高的桥墩上去呢?

但是，这个问题并没有难倒他们，修筑桥梁的工匠们又从潮涨潮落中受到启发。他们将巨石凿成长10米左右，宽0.7米，净重约10多吨的巨石板，利用涨潮浮舟的功能，立石为梁。

于是，工匠们等到涨潮时，就将石块用木排运到桥墩跟前，借用涨潮的浮力，把石块放置在石墩上。洛阳桥上大概有300多块石板和上万块石料，都是采用这种方法架上去的。

桥墩全部利用巨大条石，它们被错落有致地垒砌成形。桥墩两端均做尖形来分水，墩面两层石条向左右挑出。为了增强桥面的承受力，桥面全部都用石条板铺好。

海底有一种长有贝壳的软体动物，名叫"牡蛎"。它有两个壳，一个壳附在岩礁上或者另一个牡蛎上，互相交结在一起，另一个壳则盖着自己的软体。

牡蛎繁殖能力很强,而且无孔不入,一旦跟石胶成一片后,用铁铲也铲不下来。工匠们利用牡蛎的这个特性,在桥基上种牡蛎。

为了把水底那些堆积在一起的石条凝聚成一体,使之不被大水冲塌,造桥的工匠们又想出了一个绝妙的办法。他们巧妙地利用繁殖"牡蛎"的方法,来连接胶固石块。这种用生物加固桥梁的方法,简直是一项创举。古今中外,绝无仅有。

洛阳桥有桥墩46座,桥长1.2千米,宽5米。桥的两侧有500个栏柱,栏柱上均刻有石雕,用来保护行人的安全。桥的两侧共建置了九座石塔,用以镇风,桥上共建了石亭七座,供路人休息。

大桥的两旁还装饰有许多精美的石狮子、石塔、石亭,桥两端立有石刻人像守护。桥身及其附属建筑物,还有许多石碣。它们个个造型美观,有昂首挺拔的石狮,有口含石球的球狮子。

整个工程的建造是巨大的,而且花费了14000多

■ 蓝天下的洛阳桥

两银子，这些全是人们自动捐献的。蔡襄也卖了家里10多公顷的地，捐献给洛阳桥。

■ 洛阳桥栏杆上雕刻的石狮

蔡襄不仅在主持建桥过程中，历尽艰辛，克服了种种困难，而且顶住了丧子亡妻的痛苦。最后，才有这座神奇的"画海长虹"。

就这样，经过六年八个月的艰苦施工，终于在1059年12月，完成了这一宏伟的工程。

太守蔡襄亲自主持竣工仪式，并书写"万安渡石桥"五个大字，也称为"万安桥"。后来由于大桥在洛阳江之上，因此人们又称它为"洛阳桥"。

桥头有两通石碑，上面刻有蔡襄亲自撰书的《万安桥记》，石碑每通高约3米，宽1.5米，文字精美，笔体苍劲。书法艺术和桥的建筑风格相得益彰，互为注释。

阅读链接

福建省泉州有一条洛阳江，江上有一座洛阳桥。桥在泉州城东10千米处，一座500多米长的跨海梁式浅灰色花岗岩桥体，在阳光下遍体粼光，远望如一条银龙横卧碧波，如一条银练漂向大海。

人们为了纪念蔡襄修建洛阳桥的丰功伟绩，便在桥头修建了蔡公祠。祠柱上有一副楹联写道："架桥天地老，留笔鬼神惊。"它称赞洛阳桥是惊天动地的大手笔。

洛阳桥的千秋佳话

在洛阳桥建成以后的几年中，许多建桥的能工巧匠，在闽南各地兴起了一股建桥热潮，这种情况延续了几百年。

他们在闽南、闽中建起几十座沿海大石桥，一举改变了闽中南沿海交通阻塞现象。

南宋孝宗乾道年间，泉州知府王十朋咏诗称赞：

洛阳桥

北望中原万里遥，
南来喜见洛阳桥；
人行跨海金龟背，
亭压空间玉虹腰。
功不自成因砥柱，
患宜预备有风潮；
蔡公力量真刚者，
遗爱胜于郏国桥。

■ 郡守蔡襄塑像

　　洛阳桥是我国历史上一座最伟大的石桥，这么巨大的建筑工程，牵动了千千万万过往行人的感情，人们对于倡导修桥的郡守蔡襄无不产生敬仰之情。为了纪念他，后来人们修建了蔡襄祠。

　　蔡襄祠修建在洛阳江的南面，它始建于宋代，这是沿江两岸的人们为了纪念蔡襄修建洛阳桥的功绩，自发捐献募款而建立的，人们并在此处为蔡襄塑像立碑。

　　蔡襄祠为清代典型殿堂式建筑，坐北朝南，三开间，进深三间，宽15米多，每进深20米，三进计约60米，总建筑面积约900平方米。

　　在大门的门楣顶匾额大书有"宋郡守蔡忠惠公祠"八个字。大门上还有一副1875年探花进士黄贻楫写的对联：

架桥天地老

留笔惊鬼神

王十朋（1112—1171），南宋时期著名的政治家和诗人。1157年状元。以名节闻名于世，刚直不阿，批评朝政，直言不讳。诗才横溢，凡眼前景物，常常感而成诗，大多是爱民忧民、寓含教育之作，有咏蔡襄修建洛阳桥的诗。

■ 泉州洛阳桥

桥的国度

穿越古今的著名桥梁

前支柱有对联集蔡襄诗句：

晓虹跨江一千尺

乐事全归众人心

后支柱有对联：

四谏经邦昔日芳型垂史册

万安古渡今朝济众肃观瞻

正殿中央，有蔡襄端坐雕像，体态庄重而洒逸，颇有文士、名宦之风范。塑像前为举世闻名的《万安渡石桥记》丰碑两通，分立左右两侧。这两通碑都是蔡襄亲自撰文，亲笔题写的。《万安渡石桥记》的碑文简洁凝练，仅有153字，书法精湛，笔力雄健遒劲，刻工传神，世称文、书、镌三绝。

东侧的为原碑，西侧为后来摹刻的。其他九通碑刻分立廊下两侧，均系明清两代重修万安桥及蔡襄祠之碑记，其中不乏考证文物和书法艺术价值。

第三进殿厅系为仿制泉州境内各地古代大小石桥的模型，展示了中华民族古代能工巧匠的高超修造桥梁艺术和智慧而建造的模型。

蔡襄祠门庭左右两侧分别竖立着两通巨碑，并修建了碑亭来做保护。

右侧为清朝军门提督、关中人张云翼亲自撰文重修蔡忠惠公祠碑记及怀蔡忠惠公七言古长诗，这首七言古诗分别刻于巨碑两面。巨碑左侧刻有清代文人蔡致远撰写的《舆庆堂》记，以及《张公又南去思歌》也分刻于巨碑两面。

此两碑亭，巍峨壮观，为蔡襄祠增色不少。

多少年来，洛阳桥虽经历过多次重修，但其承载

提督 古代武职官名。全称为"提督军务总兵官"。负责统辖一省陆路或水路官兵。提督通常为清代各省绿营最高主管官，称得上封疆大吏。若以职能分，提督分为陆路提督与水师提督，掌管区域达一至两省，数万平方公里，甚至数十万平方千米。

 洛阳蔡襄祠

■ 洛阳桥一角

梯航 指水陆交
通。明朝代文人
梁辰鱼《浣纱
记·治定》写
道："而今应
受天王宠，看
万国梯航一旦
通。"近代文人
严复《论世变
之亟》："自胜
代末造，西旅已
通，迨及国朝，
梯航日广。"

能力却是惊人的。因为一座桥建成后，不但要承受过
桥运输，还要能抵抗天灾人祸，洛阳桥在这方面经受
住了考验。

洛阳桥在建成后，使得洛阳江天堑变通途，泉州
也因此成为"梯航万国"的东南巨镇。洛阳桥的修
建，不仅为南宋时期泉州出现的大规模造桥工程提供
了丰富的经验，而且后来福建境内的安平桥、石笋
桥、顺济桥等，都是仿造洛阳桥而建造起来的。

洛阳桥简称"万安桥"，据说后来真与万姓发生
了关系，这是为了纪念抗倭名将万民英。

万民英是河北保定易州人，曾是海防守将，他曾
经组织人们抵御日本倭寇，屡建奇功，保卫了洛阳
桥，保卫了泉州。

洛阳桥全部由坚硬的花岗岩筑成，是我国古代著
名的梁式石桥。洛阳桥在泉州与惠安的交界处洛阳江
上，在古代这里是福建与广东北上的陆路交通要道，

后来一直是福州、泉州、厦门往来的必经之地。

福建泉州的洛阳桥，一块块的大石头牢固且扎实地将隔着一条江的两岸彼此联系起来，四周辽阔空荡，使得放肆的风任性地到处奔跃。

江边停放着许多小船，在平静的水面上随着风轻轻地飘摆着船身，像个老人在摇椅上静静地、轻轻地、缓缓地摇荡着，回味他和老伴的一生。

江上有几处沼泽地，上面繁殖了许多牡蛎。当地人们依靠养殖牡蛎和捕鱼为生。顺风的方向，竖立着一尊巨大的观世音神像，双眼遥望湖面，祥和地凝视远方，看守着每一艘远出的小船。

洛阳桥当地居民也将精神寄托在那尊菩萨上，祈求保佑他们的家人，守护他们远出的家人。烧香、拜神、祭祀、供养神明等，从此成了人们生活中的习惯，这造就了洛阳桥古朴的地方特色。

后来，有关洛阳桥修建的碑记达26通，分布在桥中亭周围及桥南蔡襄祠和桥北的昭惠庙。

一座桥的兴建及修建的石刻碑文有26通之多，这

菩萨 梵语菩提萨埵的简称，华译为"觉有情"，就是能自觉又觉他的有情。菩萨的意思，还有开士、始士、高士、大士等。开士者，以法开导众生之士；始士者，开始觉悟之士；高士者，高明之士；大士者，实践大乘佛法之士。

■ 泉州开元寺

■洛阳昼锦堂记碑

在国内桥梁中是极为罕见的，可见洛阳桥的兴建的艰难和修理的繁复，更重要的是这座桥与人们的生活具有密切的关系。

著名的旅行家和商人马可·波罗描绘洛阳桥"宏伟秀丽的刺桐城"时，还特别提到这座"车桥头""风樯林立""舶货山积"的繁荣景象。

洛阳桥的建成，成了我国造桥史上的一座丰碑，成为人们千古传诵的佳话。

阅读链接

相传有个经商做生意的李五路过洛阳桥，此时蔡襄造桥已经过了300多年，因为洛阳桥年久失修，桥墩下沉，桥面坎坷不平，桥底沙土沉积，水位上升。若是遇到涨潮，还有暴风雨，桥就不能过，只好雇渡船。

李五决定修缮洛阳桥。

在李五的捐资和主持下，工匠们先是将洛阳桥的栏杆、亭子、石狮、大桥板拆下来，将歪歪斜斜的桥墩移正，再打新石料叠上去，将桥墩加高，再架上大石板，安好栏杆、石狮、石将军，盖好石亭、石塔等。

最后，洛阳桥的面貌是焕然一新，不管风雨涨潮，都畅通无阻了。

安平桥

　　安平桥始建于1138年，位于福建省晋江安海镇和南安水头镇之间的海湾上。大桥历时13年建成。

　　安平桥长2255米，宽有5米余，桥面宽约4米，桥墩361座，疏水道362孔。安平桥因安海镇古称安平道而得名，又因桥长约为2.5千米，俗称"五里桥"。

　　安平桥宛如一条玉龙横卧于晋江、南安两市交界的海湾上，东连安海镇，西接水头镇，是我国古桥梁中首屈一指的大长桥，享有"天下无桥长此桥"之美誉，更是我国古代世界最长的梁式石桥。

道人铲除孽龙并造桥

传说很早以前，福建安海这地方常年遭受洪水和海潮的双重侵袭，使当地的人们苦不堪言。人们经常去寺庙祈神拜佛，但还是无法改变这种苦难的现状。

后来有位道人听说了，便亲自赶往此地，想法查出究竟是什么原

■平安桥附近村庄

因使这里的灾难这么多。经过一段时间，道人发现原来竟是东海和南海的两条孽龙在作祟。

道人此前已经潜心修炼多年，就想在人间打抱不平，为民除害。正好赶上了安海的孽龙在此嚣张，他岂能坐视不理？决定亲自作法，祛除孽障。

有一天，他来到安海的岸边，看到这两条孽龙正在海滩上嬉戏，玩得不亦乐乎，心想等你们玩累了看我怎么收拾你们。等到孽龙玩累了在睡觉的时候，道人做起仙术来镇住孽龙。

施法完毕后，见两个孽龙已经昏迷不醒了，道人便决定将它们挑到常年闹水患的安海港，于是他用法力变化出两个大畚箕和一把大铁铲，把这两条孽龙铲到畚箕上，准备运走去填海。

道人将两个孽龙用畚箕装上，只听"砰咚"一声巨响，顿时，海滩上留下了两个大窟窿，后来水流积聚就变成了龙湖和虺湖。

"龙湖"是黑龙住过的地方，所以这个湖的泥土是黑色的。"虺湖"是赤龙睡过的地方，因此这个湖的淤泥是赤色。

道人装好孽龙后便挑着这两筐孽物走到一处叫大山后的地方。由

真身 所谓真身，就是本来面目。是该人、神、妖根本面貌，在这种状态下，能发挥最大能力。真身是一切变化的基础，但真身并不意味着完美，事实上真身是在修炼中的某个时间点触发并固定下来的，可以说成道之身即为真身。

■ 安平桥中亭

于跨越溪涧时，步子迈得过大，将扁担给压断了。

刚被法力镇住的两条孽龙从梦中醒来，趁着道长来不及下手，变成了两堆土，然后，真身飞上天去了。

这两堆土就成了现在的"黑麒麟山"和"赤麒麟山"，后来人们说这两座山推去填入"龙湖"和"鼬湖"正好丝毫不差。道长看没收拾好这两条孽龙，就闷闷不乐地回灵源山继续修炼去了。

没想到的是，两个恶龙依然不改，隔了不到半年，就又前来作怪，弄得安海地界大雨下个不停，九溪十八涧的大水翻过了石壁峡，直冲安海港而来。

安海镇的人们就这样不得安宁地过日子，人们的房屋和牲畜经常被大水冲走，有时甚至性命都难保。

在深山修炼的道人，知道孽龙不死，还会祸害人间，而且这几年的修炼中都无时无刻不在惦记着这里人们的安宁。但是只能是先修炼成仙再说了。

若干年后，道人终于修得正果。得道成仙的道人

■ 安平桥

早知道这两条孽龙还会重来这里作怪，便用法力在灵源山顶向安海方向望去，果然那两条孽龙又在作怪。所以决定马上出关，下山赶往安海。

道人一来到安海便施法运功吐出一条七彩锁链，从安海镇跨过海湾，直至南安的水头镇，孽龙见状吓得魂飞魄散，马上潜入水底，逃到大海去了，大水也退了。

人们见到道人用长虹击退了孽龙，连忙道谢并告诉道人，这里近几年一直遭孽龙的祸害，简直民不聊生。道人怕以后孽龙又会卷土重来，就提议当地的人们用长条大石，一段一段地铺砌起来，建造一条天长地久的锁蛟玉带。

这样的话，一来可以镇锁孽龙再次作怪；二来也便于两岸百姓的往来。道人将建造锁蛟玉带的意见提出来后马上得到了众人的支持，人们纷纷捐款捐物，有钱的出钱，有力的出力，很快这条长达2.5千米的跨

麒麟 亦作"骐麟"，简称"麟"，外形像鹿，头上独角，全身有鳞甲，尾像牛尾。它是我国古籍中记载的一种动物，与凤、龟、龙共称"四灵"，是神的坐骑，古人把麒麟当作仁兽、瑞兽。雄性称麒，雌性称麟。麒麟是吉祥神兽，主长寿。

五里桥边上的庙宇

海大石桥就建造起来了。

两条孽龙知道了，这里的大桥会将他们锁住，竟然望风而逃了。当地的人们见孽龙逃走了，也都拍手叫好，称赞道人法力无边。

从此，孽龙再也不敢来此处兴风作浪了。各地商旅船只也纷纷相邀而来，所以后来，商业日益发达，庄稼年年丰收，百姓们安居乐业，这座桥就被称作"安平桥"。

阅读链接

据说，僧智渊原是南安的一名秀才，叫李学智。他一心想功名成就，可因家贫如洗，双亲年迈多病，临考前无可奈何去安海向巨商世家黄护的父亲黄文斌借钱，保证日后一定报恩。

黄文斌见他为人忠厚老实又孝顺父母，就借给他白银362两。谁知他乘小船返回南安至水头时，却遇大头龟兴风作浪，船沉海底，幸得被尼姑救往天竺山修身念佛。

20年后，黄文斌已去世，他的儿子黄护筹建安平桥，僧智渊就下山相助。为纪念黄文斌的功德，就特意将疏水道分成了362孔。

僧祖派住持在泉州建桥

神话终归是神话，其实真正的大桥建造是非常艰苦的。泉州自南北朝时期起，就有了海外交通，至唐代，泉州更是成为全国对外贸易的四大港之一。安海镇古时名安海渡，原是个水陆码头。

■ 安平桥

安海 古名"湾海"，由于安海海港弯曲而得名。宋开宝间，唐安金藏之后安连济居此，易湾为安，称安海。以后，关于安海名称的由来，都沿袭此说。明朝称"安平镇"，清朝复称安海。历史上的湾海港凭借港湾深邃，交通发达，物产丰富，商人善贾等优越条件，形成了一个很有特色的地区。

由于泉州繁盛，它就跟着兴旺起来。南宋赵令衿《石井镇安平桥记》记载：

濒海之境，海道以十数，其最大者曰石井，次曰万安，皆距闽数十里，而远近南北官道所从出也……惟石井地居其中，而溪尤大，方舟而济者曰千万计。

可见安海渡需要安平桥，同万安渡需要洛阳桥，同样的迫切。而且由于都是跨海，这两座桥的修建也同样艰难。安海到水头的海面，已经够宽了，同时，还有从西面来的注入海湾的河水，秋季还有台风。

安海港的山洪暴发又加海潮袭击时，海湾里的波涛汹涌，过渡都十分的危险，何况要在这险滩之上造

■ 福建东关桥建筑

■ 安平桥

一座跨海大桥呢！可见当时的困难是非常大的，但人们还是将这项巨大的工程建起来了。

据记载泉州并及闽南一带的历史沿革及政军民情风俗的《泉州府志》记载：安平桥是1131年，安海大财主黄护和僧智渊带头各捐钱10000缗，并由僧祖派主持开始兴建这座大石桥。

建桥工程快完成一半时，因为黄护和祖派相继亡故而停工，直至1151年11月，郡守赵令衿来泉上任后，再次主持续建，又花了一整年时间，才完成了这个浩大工程，名为"安平桥"。

安平桥，又因安海镇东建有东桥，故相对称"五里西桥"。它东连晋江安海镇，西接南安水头镇，横跨在两市交界的海湾上，是我国古代首屈一指的长桥，历来享有"天下无桥长此桥"的美誉。

僧 是梵语"僧伽"的简称，意译为"和合众"，即指信奉佛陀教义，修行佛陀教法的出家人；亦指奉行"六和敬"，"和合共住"的僧团。它的字义就是"大众"。僧伽是出家佛教徒的团体，至少要有四个人以上才能组成僧伽。出家男女二众都在僧伽之内。

桥的国度

穿越古今的著名桥梁

安平桥之所以要这样长，是因为要跨过一个海湾，从东面安海镇的海岸至西面水头镇的海岸，海湾通向台湾海峡，里面的船只虽不能远涉重洋，但在安海与水头之间，却是古代的唯一交通工具。

较安海桥，也就是安平桥为三分之二的东洋桥，居然在半年内就建成了，可见赵令衿的造桥队伍中，确实有卓越的工程师。自从东洋桥建成后，安平桥就又名"西桥"，但东洋桥不久就被毁坏了。

明代的安海史志《重修安海桥募缘疏》记载：

> 自东桥荡析，恻孤影以存羊，叹反复之无常，觉成亏之有数。

安平桥的材料全系花岗岩石砌筑，属石礅石梁桥。面宽约4米，原有桥礅361座，疏水道362孔。

■ 安平桥

■ 安平桥旁水心亭

大桥的桥礅是用长方形条石横竖交垒而成，上部顺桥梁方向有三四层出挑，以缩短桥梁跨度，增强桥面承受能力。

大桥的桥基根据地层的不同分别采用"卧本沉基"和木桩基础。桥面每间架设五条至八条石板，长度在5米至11米，重量在4.5吨至25吨，相传这些巨大的石材采自隔海的金门岛、大佰岛。

大桥建造时，利用潮汐的涨落，来控制运石船只的高低位置，把石板架上桥礅。为了安全，桥面的南北两端都筑有石栏杆防护。桥两侧的石护栏的柱头雕有狮子、蟾蜍。

在桥的南北两侧，可见方形石塔四座、圆塔一座竖立在水中。

安平桥上的五座桥亭，即东西两座路亭，桥尾水

潮汐 由于月亮和太阳的引力而产生的周期性运动。潮汐现象是指海水在天体引潮力作用下所产生的周期性运动，习惯上把海面垂直方向涨落称为"潮汐"，而海水在水平方向的流动称为"潮流"。古代称白天的河海涌水为"潮"，晚上的称为"汐"，合称为"潮汐"。

史上最长的桥

桥的国度

穿越古今的著名桥梁

隘门 我国传统建筑之一，普遍设置于村落或城市街道巷弄中的防御建筑。形式有砖石造的墙门及单开间的门楼，平日入夜后即行关闭，以确保居民的安全。隘门形式传自客家或闽南传统建筑居多，主要功能除了阻止盗贼进犯，也预防了分类械斗。

前沿的海潮庵，桥头的这座超然亭，还有中亭，用来供行人歇脚。

在桥的构造上，根据桥梁横跨海湾中贯穿着五条港道的特点，桥墩分别设计了三种形式：

一种是长方形墩，筑于水浅流缓水域，有308座；一种是一头尖、一头方的半船形墩，筑于较深的水域，尖端朝向深海，以缓和海潮的冲力，有25座；一种在深港处的桥墩则设计的双头尖的船筏形，可用来分解溪流和海潮对大桥的冲击。

从结构形式来说，安平桥几乎是完全模仿万安渡的洛阳桥的，两桥都在泉州濒海地区，也都是所谓的"简支式"的石梁桥。

安平桥自宋代以来历经十数次重修。宋代建桥时，乡人用造桥剩下的钱建成的镇塔，也经过多次重修。明代重修后的镇塔改名为"文明塔"，塔内有旋梯达塔顶，可以眺望长桥的雄姿。

在清代，安平桥的桥头桥尾还各增建一座拥有拱形门的石牌楼，俗称"隘门"。桥头这座叫"望高楼"，是原桥头被拆毁一小段后于1864年在新桥头建造的，用来表示这是桥的开头。

望高楼楼上嵌有一方1864年邑人黄章烈所写楷书"望高楼"三个字的石匾额，楼下嵌有一块题有楷书"寰海镜清"四个字的石匾额。

安平桥桥尾的牌楼是1808年建造的，当年南安知县盛本所写的楷书"水国安澜"四个字。距该牌楼几步远的地方还竖立一通镌刻着篆书"安平桥"三个字的石碑。

中亭叫"泗洲亭"，原称"水心亭"，也就是现在桥头那座亭子的名称，因它位于桥的中部，又是晋江南安的分界处，而俗称"中亭"。

中亭也是大桥建成时的建筑物，后来又多次重修

■ 安平桥

■ 安平桥旁碑文

或重建，其中最后的一次是1866年重建的，本祀供奉着泗州佛，后祀供奉着观音。

中亭的石柱上有一对十分引人注目的楹联，上面写有："世间有佛宗斯佛，天下无桥长此桥。"

亭的四周和墙上还立有明代至现代重修安平桥的碑记14通。亭前还有两尊石将军，高约1.60米。

在安平桥建成的时候，安海龙山寺的佛祖为了保证五里桥的长治久安、不受水妖陆怪的破坏，特地派了两名石将军，以观音的名义，驻镇在桥的中亭。这两名石将军威武无比，手握神器，日日夜夜守在这里。

安平桥的建成充分显示了我国古代劳动人民的智慧和能力。

阅读链接

古代泉州是海上丝绸之路的起点，而安海又是古代泉州海外交通的重要港口。

960年至1368年期间，由于商贸兴盛，经济繁荣，为利于物资运转、行旅往来，泉南沿海掀起一股"造桥热"。

据记载宋代泉州城外晋江县境造桥达40多座。安平桥也就是这一时期因安海港地位的更加重要而兴建的。

宋代改称"石井镇"，明代又改称"安海镇"，后来郑芝龙开府安海后，又改回古名称"安平"。

广济桥

广济桥最开始建于1171年，当时它还只是一座浮桥。1530年，经过多次修改与重建，最后形成"十八梭船廿四洲"的格局。

广济桥位于广东省潮州古城东门外，横跨韩江，连接东西两岸，为古代闽粤交通要津。桥全桥长518米，分东、西、中三段，东西两段皆为石礅、石梁桥。东段共有12孔、13礅，长约283米；西段共有七孔、八礅，长137米；桥面宽约5米；中间一段长约100米。

广济桥以集梁桥、浮桥、拱桥于一体的独特风格，广济桥是世界上最早的启闭式桥梁。

仙佛造桥的美丽传说

广济桥一角

相传，唐代著名文学家、政治家韩愈被贬潮州之后，喜欢独自登上笔架山饱览胜境。

他站在笔架山的顶峰，遥望东门之外的恶溪，只见江水汹涌，人们驾舟渡江，那一叶叶扁舟被急流冲得颠簸打旋，险象环生，稍有不慎，便可能连人带舟被江水吞噬。

此情景，韩愈分明看在眼里，急在心上。于是，他决心要在这恶溪之上建造一座大桥，以方便百姓往来东、西两岸。但是，恶溪的水流这么湍急，要想在这上面建一座大桥是极为困难的，谁能担此重

■ 广济桥凌霄楼台

任呢？

韩愈在心中不停地琢磨这个问题，最后决定叫来自己的侄子，就是八仙之一的韩湘子和自己法力无边的好朋友广济和尚来帮忙。

这是为人们做好事啊！

韩湘子和广济和尚很乐意地就答应了，而且，韩湘子还把其余七位仙人一起邀请过来帮忙建造修桥。

事不宜迟，仙佛们说干就马上开工了。经过韩愈的协调和大家的一致协商，便决定由八仙负责大桥的东段工程，广济和尚一人负责桥的西段。就这样，两边各施其法，各显神通，开始筑桥。

广济和尚穿过潮州城，出了西门，来到桑浦山下。

他看到山上满是石头，便点点头，口中念着符咒，用手一指，霎时间风起云涌，草木飘摇，只见山

韩愈（768—824），世称韩昌黎。唐代文学家、思想家、政治家。唐代古文运动的倡导者，宋代苏轼评价他"文起八代之衰"，明代人推他为唐宋八大家之首，与柳宗元并称"韩柳"，有"文章巨公"和"百代文宗"之名，著有《昌黎先生集》《外集》十卷等。

■ 广济桥桥楼

和尚 在印度是对教师的通称，而在我国则常指出家修行的男佛教徒，有时也指女僧。"和尚"原来是从梵文这个字出来的，它的意思就是"师"。和尚本是一个尊称，要有一定资格堪为人师的才能够称和尚，不是任何人都能称的。

上的石头纷纷滚落山下，变成一只只温顺的羔羊。羔羊跟在广济和尚后面朝着潮州城行进。

同一时间，韩江东岸那边八仙也在到处寻找建桥的材料。他们来到凤凰山麓，一起施展法力，把山上的石头变成猪群，然后赶着猪群奔向工地。

人多好办事，八仙每人各赶一群猪。铁拐李因为瘸腿，拄着拐杖，走路很慢，没过多久，便被众人抛在后面。这时，从路旁的山坡上传来一阵凄厉的啼哭声。

铁拐李循声望去，只见一个身穿白衣、头扎白带的妇女在坟地里哭泣。铁拐李立刻感到事情不妙，喊道"不好！"正想把猪群赶开，但为时已晚，猪群化作石头堆成一座山。这座山就是"猪山"。

原来，仙法如果被丧气一冲，便会失灵！铁拐李无奈，只好独自回工地，把事情经过告诉大家。

那边，广济和尚也碰上了麻烦。他把羊群赶回潮州城，清点了一下却发现少了两只，于是赶紧回头去寻找。这两只迷途的羔羊在半路上找到了，正要把它们赶回羊群时，忽然，路旁窜出一个人来，厉声吼道："你这个和尚，竟然偷我家的羔羊！"

广济和尚一看，就知道他是一个贪财的地主，便耐心地解释道："你认错了，这不是你家的羔羊。"

但贪财的地主却听不进去，硬把羊拖走了。

地主将羊拖到自己的田里时，羊怎么也不肯走了。地主便气急败坏地在羊身上抽了一鞭。不料这一鞭抽下去，忽然天昏地暗，四野一片苍茫。

等到天空恢复明朗时，那两只羔羊已经变成两座小山，把地主连同他的田地都压在山下。这两座山就被后人叫作"乌洋山"。

大桥因为少了八仙的一群猪和广济和尚的两只羊，桥建到江心，石料便没有了。这可急坏了铁拐李，他气得跺了一脚，却把东端近江心的桥礅跺闪掉了一角。

眼看江水滔滔，大桥连接不起来，正在大家都觉得手足无措时，聪明的何仙姑心生一计，只见她将手中的宝莲花抛下，花瓣在江心散开来，变成18艘梭船。只是这些梭船在江面上打旋，无法连接起来。

八仙　指民间广为流传的道教八位神仙。八仙之名，明代以前众说不一。有汉代八仙、唐代八仙、宋元八仙，所列神仙各不相同。后来，明代小说家吴元泰《八仙出处东游记》始定八仙为铁拐李、汉钟离、张果老、蓝采和、何仙姑、吕洞宾、韩湘子和曹国舅。

■ 广济桥的浮桥

■ 广济桥

广济和尚见状，立即抛下自己手中的禅杖，禅杖化成一根大簸，把18艘梭船系住，成为浮桥。这样，整座大桥便连接起来了。

大桥建成后，潮州老百姓为了纪念韩湘子他们八位仙人和广济和尚的功绩，就给桥起了两个名字，一个叫"湘子桥"；一个叫"广济桥"。就这样，八仙和广济和尚为潮州人们建立了一座世上绝无仅有的集梁桥、浮桥、拱桥于一体大桥，横跨韩江之上，为后人所乐道。

阅读链接

相传，古时有一个醉汉，天天拎着酒壶到广济桥梭船上独饮。他经常喝得酩酊大醉，时而骑上牛背，时而卧倒牛旁，时而吟唱，时而哭泣，狂态百出。

一天，他大醉后爬上牛背，倒骑牛，大声吟唱道："骑马不及骑牛好，陆马难追水牛走。湘子桥头水牛生，骑牛翻身朝北斗。"

话音刚过，就看见韩江上游有只大水牛缓缓游到醉汉身边，他翻身骑上牛背，往凤凰山顶飘然飞去。人们这才知道，他竟是一位神仙。

因为这个传说，大诗人丘逢甲便作了这样的诗句："何处骑牛寻醉汉，凤凰山上日云烟。"

历任太守修建广济桥

仙佛造桥其实也只是民间流传的一个神话传说，大桥是在1171年，由潮州太守曾汪主持修建，当时修建的是一座浮桥，由86艘巨船连接而成，当时称为"康济桥"。

■潮州广济桥

桥的国度

穿越古今的著名桥梁

■ 启闭式梁桥

丁允元 官居太常寺卿，后来被贬为潮州知州。治潮多有建树，除了增筑康济桥西段四座桥礅外，还把原建在城南的"昌黎伯韩文公庙"，易名为"韩文公祠"。特别崇拜韩愈兴学育才的风范，规定各地增置"学田"，以此发展地方教育事业。为政清廉，关心民瘼，深得民心，为后世潮人所敬仰。

后来在1174年，初建不到三年的浮桥康济桥就被洪水冲垮。太守常炜又开始重修浮桥，并在河的西岸创建了一个高阁子，还开始了西岸桥礅的建筑。

至1194年，朱江、王正功、丁允元、孙叔谨等太守相继增筑桥礅，共计完成了十个桥礅的建造。

后来大桥重修数次，其中1189年，太守丁允元建造的规模最大、功绩最著而改称西桥为"丁公桥"。

1194年，潮州太守沈宗禹在大桥的东岸筑"盖秀亭"，并称东桥为"济川桥"。

后来紧接着，太守陈宏规、林骠、林会相继增筑，至1206年，历时12年，建成桥礅13座。东西桥建起来后，中间仍以浮舟连接，形成了梁桥与浮桥相结合的基本格局。

宋代末期至元代，广济桥又有许多次的兴建与修缮。1435年，知府王源主持了规模空前的"叠石重修"，竣工后，西岸为10礅9洞，长为165米；东岸为13礅12洞，计长约287米；中间为浮桥，长91米，造了24艘船并排相连接。

在大桥上共建造了126间房屋，建成后更名为"广济桥"。

1513年，新一任的潮州知府谭纶又增建了1桥礅，减少了浮船六艘，然后使它形成了"十八梭船二十四洲"的独特风格。

1724年，知府张自谦修广济桥，并铸造铁牛两只，分别立在西桥第八礅和东桥第十二礅，是为了"镇桥御水"。

1842年潮门洪水，东桥第十二礅的铁牛坠入江

谭纶（1520—1577），明代抗倭名将、杰出的军事家、戏曲活动家。自幼饱览诗书，思维敏锐，智力过人，性格沉稳，有雄才大略。特别爱读《曹刿论战》等兵书。平时观察蜘蛛结网、蟋蟀相斗等现象，都认真思考并和用兵打仗联系起来，后来写成《说物寓武》20篇军事著作。

■ 广济桥的亭子

中。后来就有了民谣：

潮州湘桥好风流，十八梭船二十四洲，
二十四楼台二十四样，两头牛一头溜。

广济桥集梁桥、拱桥、浮桥于一体，是我国桥梁史上的首例也是唯一的一例。

广济桥桥礅上建有形式各异的二十四对亭台楼阁，还有两头铁牛分东西镇水，兼做经商店铺，所以就有了"廿四楼台廿四样""一里长桥一里市"的美称。

广济桥最有特色的结构就是梁舟结合，刚柔相济，有动有静，起伏变化。广济桥的东、西段是重瓴联阁、联芳济美的梁桥，中间是"舳舻编连、龙卧虹跨"的浮桥。

所有见过的人都称：这简直是一道妙不可言的风

■ 潮州广济桥浮桥

景线。

清乾隆年间有人赋诗赞美广济桥：

> 湘江春晓水迢迢，十八梭船锁画桥。

"湘桥春涨"因而被列为潮州八景之首。从结构上说，梁舟结合，广济桥开启了世界上启闭式桥梁的先河。

广济桥的浮桥可以发挥启闭桥梁的作用，它主要用于通航、排洪，正如《粤囊》记载：

> 潮州东门外济川桥……晨夕两开，以通舟楫。

所以，每当韩江发洪水，又可解开浮桥，让汹涌澎湃的洪流倾泻而出。

除此之外，广济桥还有关卡的作用，潮州的广济桥是盐商的商船必经之处，所以自明代就在这里设了关卡来收取盐税。后来，朝廷还派人与潮州府共同管辖此地。

桥的国度

穿越古今的著名桥梁

■ 广济桥的楼台

另外，方志中有记载：

> 1725年，由盐运同驻潮州与知府分管
> 桥务，东岸属运同掣放引盐，西岸属潮州府
> 稽查关税。

"廿四楼台廿四样"，是广济桥的初创阶段，其实这时已经有了筑亭"覆华屋"修建于桥礅上的举措，并被称为"冰壶""玉鉴"等美称。

1426年至1435年，知府王源除了在500多米长的桥上建造百26间亭屋之外，还在各个桥礅上修筑楼台。

这些楼台并分别以奇观、广济、凌霄、登瀛、得月、朝仙、乘驷、飞跃、涉川、右通、左达、济川、云衢、冰壶、小蓬莱、凤麟洲、摘星、凌波、飞虹、

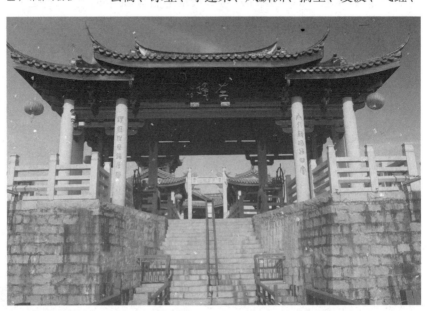

■ 韩江上的广济桥

观滟、浥翠、澄鉴、升仙、仰韩为名。

从此以后，桥楼的建设，将广济桥推上桥梁建筑的顶峰。正像明代文人李龄在《广济赋》中所记载：

> 方文一楼、十丈一阁，华棁彤撩，雕榜
> 金桷，曲栏横槛，丹漆黝垩，鳞瓦参差，檐
> 牙高啄……

这样绮丽壮观的美景，在古代岭南地区的风雨桥中是最为常见的，但规模如此之大，形式如此之多，装饰如此之美，确实是世间少有。

此外，广济桥还有"一里长桥一里市"之美名，因为这里是"全粤东境，闽、粤、豫章，经深接壤"的枢纽所在，桥上又有众多的楼台，因此，这里很快便成为交通、贸易的中心，成为热闹非凡的桥市。

天刚破晓，江雾尚未散尽，桥上已是"人语乱鱼

李龄 明代进士，1406年出生于潮阳棉城的一个书香门第。其父李宪举，福建兴化府儒学教授。少年聪慧，随父赴福建上任，游赏莆田等地。他多次得闻闽学大师朱熹遗训，牢牢记在心里，并潜心培育士子，学风兴起，成绩斐然，宾州百姓、士林感恩戴德。

■ 潮州广济桥

床"了。待到晨曦初露，店铺竞先开启，茶亭酒肆，各色旗幡迎风招展，登桥者抱布贸丝，问卦占卜，摩肩接踵，车水马龙，络绎不绝。正如李龄的《广济桥赋》所描写的：

诺夫殷雷动地，轮蹄轰也；

怒风搏浪，行人声也；

浮云翳日，扬沙尘也；

向遏行云，声报林木，游人歌而驿客吟也；

凤啸高冈，龙吟瘴海，士女嬉而箫鼓鸣也；

楼台动摇，云影散乱，冲风起而波浪惊也……

活脱脱地就像一幅活动的《清明上河图》。这就有了后来游客闹出"到了湘桥问湘桥"的笑话。

阅读链接

广济桥虽几经修筑，但还保留着美轮美奂的绝妙景致。而且规模如此之大，形式如此之多，装饰如此之美，在国内外都是绝无仅有的。

广济桥还以"十八梭船二十四洲"的独特风格与赵州桥、洛阳桥、卢沟桥并称中国四大古桥，曾被誉为"世界上最早的启闭式桥梁"。

明代知府王源劈石造桥

　　王源是福建龙岩人，字启泽，号苇庵，明永乐甲申科进士，当时也就是1404年。等到了1435年，他到潮州任知府。当时皇帝委派11个朝官为边陲州知府，据说其中一个便是传统昆曲《十五贯》中的况

■广济桥的楼台

■ 广济桥的铁牛

钟，另一个便是王源。

在王源任潮州知府期间，横跨韩江的广济桥已颓败不堪，过江的人们只能靠摆渡。

这时地主和豪绅便乘机霸占了渡口，借渡敛财。王源见到了这种状况痛心疾首，于是决心要把广济桥修好。

在那时，西湖葫芦山上有两块怪石，大数十围，高数丈，因为形状很像蟾蜍而得名"蟾蜍石"。这两块怪石朝城区方向倾斜，潮州人都说这是"白虎瞰城"，潮州因此经常闹火灾，百姓经常到官府诉讼。

身为知府的王源也更是为此事着急，他心想：修桥正需要石料，不如将此两块怪石除去，一来可以将石料用来修桥；二来可以为民除害。想到这王源便打定了主意要除石修桥，他就派衙使李通、陆雄率领一些民工到西湖山除石。

况钟（1383—1442），明代官员。字伯律，号龙岗，又号如愚，汉族，靖安人。宣德五年出任苏州知府，他是明代一位受百姓尊敬的清官，苏州人民称他"况青天"。昆剧《十五贯》，以歌颂况钟而使其妇孺皆知，著述有《况太守集》《况靖安集》等。

这一下惊动了收惯桥捐和渡船钱的豪绅们，赶忙出来拦阻说："这怪石动不得！"

　　王源回答说："既是怪石，只能使潮城人受火灾又多诉讼，为何不除掉？除了怪石又修了桥，一举两得，何乐而不为呢？"

　　富绅们心里不悦，因为此举定会断了他们的财路，便在民间造谣惑众，说谁动了怪石，便惹了灾祸，潮郡人将要大难临头。

　　一时间风声鹤唳，李通、陆雄被吓得不敢动手，只得回报说，这怪石根深蒂固实难除也。

　　但王源的决心已定，他说："韩文公来潮能祭走鳄鱼，我难道连这石头都搬不动吗？"

　　王源心想肯定是有人在背后捣鬼，急忙吩咐李通、陆雄商量对策，并说："怪石必须要除，若招来祸灾，概由本官担待！"

韩江 广东省和福建省境内共有的河流，唐代称"恶溪"，后为纪念韩愈驱鳄又改称"韩江"。干流长度470千米，北源发源于福建省宁化境内武夷山南段的木马山北坡，南源发源于广东省汕尾乌突山的七星崤，经韩江三角洲，分北、东、西溪在广东省汕头市出南海。它是潮汕地区、兴梅地区与福建的重要联系水道。

■ 广济桥远景

王源便选定吉日，亲自带了百余名兵勇，大闹葫芦山。王源对着大家庄重地宣布："我先动手，如果平安无事，那大家齐动手。"说罢，猛向石头挥去。

"轰"的一声，火花四溅，怪石已缺了一片。王源取了笔在石上大书：

敕广东潮州知府王源除怪石

王源的这一举动深得广大民众的拥护，人们看到知府自己动手，也纷纷挥动铁镐。

大家齐心协力，没多久，两块怪石已破成数段，推倒在地上。

除掉了怪石，经过石工的加工，大的拿去做桥梁，小的拿去砌桥礅。

没多久便把破烂的湘子桥修复，广济桥修好了，

■ 广济桥仰韩阁

■ 广济桥——济川楼台

还增建了五个桥礅，并在每个桥礅上建造了不同式样的楼阁，非常别致。

自此，潮州的火灾及诉讼也少了许多。人们无不拍手称快！

王源还把"济川桥"改名为"广济桥"。从此，葫芦山上不再闹怪石，潮城人也不再怕"白虎煞气"了。

而那些被断了财路的豪绅们以王源造桥为自己树碑立传，挂自己肖像于亭中为借口诬告他，王源因此被捕坐牢。幸好潮州父老派代表上京请愿，他才得以平反冤狱，官复原职。

后来这段故事成了最富有传奇色彩的石刻、碑记有《王源除怪石诗》《王源除怪石记》及《王侯除怪

白虎煞气 白虎伸手导致阴盛阳虚。居家阴气重，损财运，财源不通难招财。白虎探头导致阴差阳错。阴差阳错的主人破财、散财，搞不好还有血光之灾。五黄大煞主破财、破家、重病、突发灾祸，而且要有人伤亡来祭白虎。

■ 潮州广济桥

石记》等。

　　王源在潮州时，为人们做了许多好事，后人曾在湘子桥头兴建"王公祠"纪念王源的功绩。

　　因为后来桥头经常水涨，不便祭祖，就把"王公祠"迁移到金山麓下，每年前往祭祀的人很多。

阅读链接

　　吴府公是清代道咸年间的潮州知府吴均。某年韩江水大涨，淹上城墙，潮城告急。吴府公为拯救全城百姓，登上东门楼祭水，祈求水退，但水始终没退。

　　于是他把自己的官帽、官服投于水中，表示与城共存亡。说也奇怪，此时洪水竟就退了。

　　后来，老百姓为了颂扬他的功绩，在东门楼设了他的神像祭祀，并在湘子桥的东桥建了"民不能忘"牌坊。

广济桥的美名远播

广济桥是一座美轮美奂、活色生香的文化古桥。广济桥，在潮州城东门外，横卧在滚滚的韩江之上，东临笔架山，西接东门闹市，南眺凤凰洲，北仰金城山，景色壮丽迷人。

广济桥，多次修复面貌一新，其独特之风姿与高雅之造型艺术，令人叹为观止。而且桥上琳琅满目的楹联亭匾，更让人恍若置身于诗文书法的艺术长廊中。

潮州的广济桥被誉为我

■ 广济桥济川楼台

杨万里（1127—1206），字廷秀，号诚斋，汉族。吉州吉水人。南宋杰出的诗人，与尤袤、范成大、陆游合称南宋"中兴四大诗人""南宋四大家"。创作抒发爱国情思诗作4200余首。代表作品有《初入淮河四绝句》《舟过扬子桥远望》《过扬子江》等。

国古代四大名桥之一，不但历史悠久，建筑壮观，而且洲梁与浮梁相结合，桥道和桥市相结合，具有独特的功能与风貌。

从宋代初建时起，著名诗人杨万里称广济桥就有题咏：

玉壶冰底卧青龙，海外三山堕眼中

明代潮州知府王源曾大规模重修广济桥，架亭屋126间，桥楼24座，会稽王友直也曾撰写碑记称，四面八方来的游客，都说广济桥为江南第一。

明月初上的广济桥，酒肆中灯笼高悬，蛋艇里猜拳行令，妓篷中丝竹细语，真是"万家连舸一溪横，深夜如闻鼙鼓鸣"，待到"遥指渔灯相照静"，已是"海氛远去正三更"。

■ 广济桥的亭子

■ *韩江上的广济桥*

广济桥的夜色也是别有一番情趣的：

  吹角城头新月白，卖鱼市上晚灯红。
  猜拳蛋艇犹呼酒，挂席盐船恰驶风。

广济桥也被誉为"湘桥春涨"，是著名的潮州八景之一：

  时当暮春三月，韩江水涨，河面增阔，
湘子桥东西段中间十八梭船连成一线，真似
长龙卧波。

观上游两岸的滴翠竹林，下游仙洲盛开的桃花和沿江的绿柳都像浮在水面，景色宜人，疑似三湘。这一番景致在清乾隆进士郑兰枝盛传海内外的《潮州八

潮州八景 有内外之分，内八景是指于古城街巷之间，而外八景则指城外韩江两岸。内八景后来被逐渐湮没，人们所说的潮州八景主要是指外八景，也就是"鳄渡秋风""西湖渔筏""金山古松""北阁佛灯""韩祠橡木""湘桥春涨""凤台时雨""龙湫宝塔"。

丘逢甲（1864—1912），1889年进士，是清代末期著名诗人和爱国志士，也是一位卓越的教育家。虽然在潮汕地区任教的时间不长，但他扬弃旧式以时务、策论、诗、古文辞课士，摒弃八股试帖，创办当时粤东各县独一无二的新式学堂，开创了潮汕近代新学的先声。

景》诗中，描绘得绝妙：

湘江春晓水迢迢，十八梭船锁画桥。

激石雪飞梁上冒，惊涛声彻海门潮。

鸦洲涨起翻桃浪，鳄渚烟深濯柳条。

一带长虹三月好，浮槎几拟到云霄。

这座充满神奇的大桥，每一个桥礅距今都有几百年的历史，从宋代建成第一个桥礅到形成"十八梭船二十四洲"的格局，前后共延续了300多年。

1426年至1435，王源在桥上建造的126亭屋和24座桥楼，的确不是单纯为了点缀景观和遮蔽风雨，而是当时的东南沿海一带的资本主义商品生产，已经有了最新的萌芽。

潮州人利用桥屋来做生意也许比大街通衢更有利于招徕和流通。

至清代，商品物资交流更是进一步活跃。潮州府

■ 广济桥全景

城人口稠密，士商富足，湘桥桥市更为繁荣。近代诗人丘逢甲在《广济桥》一诗中便写出了这样的情景。

　　　五州鱼菜行官帖，两岸莺花集妓篷，
　　　涨痕雨急三门信，夹道风喧百果香。

　　五州是指潮州、嘉应州、汀州、赣州、宁州，这么广阔地区的食盐、鱼盐均由桥市发运，称为"桥盐"，一年税额高达16万两白银。至于"百果香"一句，丘氏自注说"卖果者千筐万篓毕集于桥"。

　　由此看来，桥市有向专业化市场发展的趋势。当时，不但桥面上熙熙攘攘，油栏画槛，桥下江湄，还有成列的花艇，当时称为"六篷船"。

　　丘逢甲对湘子桥桥市也有生动的描述，民间则流传着："踏上湘桥不知桥，疑是身在闹市中"的民谣传说。

　　然而有关潮州湘桥的最早照片摄于1868年，

六篷船 清代中叶以后，潮州韩江有载妓花艇称"六篷船"，被一些文人称为"平康盛事"，潮州俗语遗留"花娘花艇"一语。艇身昂首巨腹而缩尾，前后五舱。首舱停时设门摆几，行时并篷施榉。中舱为款客之所，两旁垂湘帘，敞若轩庭。榻左右立高几，悬名人书画，焚香插花，俨然名士风味。

■ 广济桥边的广济楼

巫术 是企图借助超自然的神秘力量对某些人、事物施加影响或给予控制的方术。"降神仪式"和"咒语"构成巫术的主要内容。巫术分为黑巫术和白巫术，黑巫术是指熔祸于别人时施用的巫术，白巫术则是祝吉祈福时施用的巫术，故又叫吉巫术。

这张照片是最早的一张，已经有100多年了。照片是英国人约翰·汤姆逊所拍，他尤为擅长拍摄建筑物。1868年的一天，汤姆逊随着外国教士、官员首次来到潮汕地区。由于职业的本能和行家的眼光，使得汤姆逊对湘子桥深感兴趣。

汤姆逊先生后来写道：

拍摄韩江桥的工作是艰辛的。拍摄时，为了避开喧闹的不友好的人群，我一清早就开始工作。但人们还是骚动起来。当他们看到我拿着枪炮般的摄影家伙对准他们那高悬桥外摇摇晃晃的住处时，他们认定我是在要外国巫术，加害古桥及上面的居民。

于是人们便丢下店铺摊档不管，由一个"勇敢分子"纠集一批擅长于投掷的无赖，与其他市民一起，齐心协力，准备好泥巴、瓦片等投掷物开始向我发起攻击。

没过多久，这些东西便雨点般落在我的身旁和头上。我跃入水中，狼狈不堪地向停靠附近的篷船撤退，登船躲避。当人群中一个"无赖汉子"不顾一切继续进逼，欲毁我摄影机时，我不得已抄起尖利的三脚架当做武器把他击退。

对于我来说，损失并不大。说真的，古桥的照片还是在三脚架上拍摄到的。

潮州韩江桥也许是中国的一条最值得提的桥梁。它和伦敦老桥一样，它们都为城市提供了一个可供居民做生意的地方。

原来汤姆逊的着眼点在"桥市"。湘子桥历史悠久规模宏大的桥市确实堪称中国第一，也是世界所罕见的。

有的船布置清雅，蛋家姑娘才貌出众，竟可与珠江花艇媲美。真是"春水三篙湘子渡，红栏一曲女儿花。"这是《韩江记》里的一段

■ 广济桥的亭子及浮桥

话，而且也是当年桥市生活繁华的一个侧面写照。

汤姆逊先生将广济桥与伦敦桥相提并论是自有他的见地和道理。除了桥上做生意这一点相似外，伦敦桥也是举世闻名的古桥。

广济桥桥上有形式各异的亭台楼阁，这也是该桥的一大奇观，因兼作经商店铺，故有"廿四楼台廿四样""一里长桥一里市"之美称。潮州的广济桥与赵州桥、洛阳桥、卢沟桥并称中国著名古桥。古人有"到潮不到桥，枉向潮州走一遭"之说。

阅读链接

德化广济桥坐落于福建省戴云山麓的德化的一个村落里，它始建于1522年，后经过1657年因为水灾冲毁而重建。

广济桥上的廊屋内部装有藻井。广济廊桥上的藻井雕刻有虎、豹、狮、象、鱼虾水族、花卉鸟鸣。这一仅有一米见方"藻井"共有五层斗拱，每层斗拱下大上小层层收敛成外六角形内圆形状，每层斗拱的斗随层逐层变小，每层33斗，共计165斗，斗拱排列有序、结构严谨、线条流畅。

广济廊桥的藻井,装饰成了德化廊桥中的"一绝"。它寓意着鞭策后人秉承先贤、历经磨炼、方有作为。

卢沟桥

卢沟桥始建于1189年，坐落在北京西南约15千米处永定河上。大桥全长266.5米，宽7.5米，下分11个涵孔。桥身两侧石雕护栏各有望柱140根，柱头上均雕有卧伏的大小石狮共501个，神态各异，栩栩如生。

卢沟桥两旁有281根汉白玉栏杆，每根柱头上都有雕工精巧、神态各异的石狮，或静卧，或张牙舞爪，更有许多小狮子，千姿百态，数之不尽。民间有句歇后语说："卢沟桥的石狮子——数不清"。

世界著名旅行家马可·波罗在他的游记中称赞卢沟桥是世界上最好的、独一无二的桥。

神仙老汉帮建卢沟桥

传说很久以前，永定河上没有桥，来往的行人都要坐船过河。在河畔的沿岸住着一个姓卢的青年，整年靠摆渡为生。

因为他出生时正好赶上永定河发大水，结果把他家门前冲出了一道沟，所以父母就给他起了个名字叫"卢沟"。

卢沟长大后长年在河上摆渡，经常见到河中恶龙闹水，恶龙一闹

■ 北京名胜卢沟桥

起来，行人就无法过河。卢沟后来就琢磨着要想出一个好法子来，既能镇住恶龙，又能方便过往的行人。

有一年夏天，又赶上恶龙闹水，卢沟只得收了渡船，在家歇息。这时，来了个老汉要过河，说是有急事，求卢沟无论如何要送他一趟。卢沟无奈，只得硬着头皮撑船下河。

说来也怪，卢沟的小船所到之处，风平浪静，没有一丝浪花，卢沟正在纳闷，就听得老汉说："这河面上要是有座桥，恶龙就不敢这么胡闹了。"

刚说完，老汉就不见了。卢沟愣了一下，接着一个劲儿地揉着眼睛，他心想，是碰见神仙了吧！打这儿以后，一心想着在渡口修座桥。

于是，卢沟每天摆渡完后就到西山去伐树，凑在一堆，就扎成一排顺河放到家门口。就这样，卢沟用了整整一年工夫，终于在河上架起了一座大木桥。

木桥架好后，乡亲们都挺高兴，可恶龙却生气了。恶龙来到桥下，用自己的身子缠住桥桩用力拉

龙 我国古代的神话与传说中，龙是一种神异动物，它具有九种动物合而为一的九不像的形象，为兼备各种动物之所长的异类。在封建时代，龙是帝王的象征，也用来指至高的权力和帝王的东西：龙种、龙颜、龙廷、龙袍、龙宫等。龙与白虎、朱雀、玄武一起并称"四神兽"。

拽，然后再一撞，木桥就被拱倒了。大木头顺水而下，一会儿就没了影。

卢沟看到木桥被毁，非常生气，他决定索性不摆渡了，开始在岸边烧起砖来。他用了三年工夫，又在永定河上修起了一座砖桥。卢沟心想，这下子可不怕恶龙再来拆桥了。

谁知道恶龙又来了，它在桥礅下又撞又晃，桥没倒。恶龙又弓着背往上拱，砖桥吃不住劲了，"轰"的一下倒下了。卢沟这回伤心极了，只觉得眼前一黑，他昏了过去。

当卢沟醒来时，他看见那个他曾经送过的神仙老汉正站在他面前。见卢沟睁开眼了，老汉就对他说："好孩子，有志气，让我来帮你建一座大石桥吧！"

说完，老汉就领着卢沟来到西山，指着那些大石

头说："你把这些石头凿出810块大方石，140根石柱子吧！"

卢沟拿起老汉给他的大锤和凿子，二话没说就干了起来。老汉指点了几天，见卢沟的手艺练得差不多了，就告诉卢沟凿完后到云水洞去找他，说完就走了。

卢沟没日没夜地干了起来，头碰破了、手震裂了也不停锤，整整干了三年，才准备齐石料。

卢沟到云水洞去找老汉，老汉告诉他，让他再把洞外的十个山峰削下来，凿成十把石剑。

这活可就更难了，卢沟用了足有100天，才凿出十把两面尖尖的大石剑。

当石剑凿好后，老汉这次又告诉卢沟，再凿出490只大小不一的石狮子和四头大象来。

■ 卢沟桥美景

■ 卢沟桥风景

永定河 北京地区最大河流，海河五大支流之一。上游源于山西宁武的桑干河，在河北怀来的支流源自内蒙古高原的洋河，流至官厅始名永定河，全长650千米，流域面积5.08万平方千米。流经山西、河北两省和北京、天津两市入海河，注入渤海。

卢沟还是没说二话，干了起来。这次用的时间更长，用了五年时间才把石狮子、石大象凿完。

老汉这次没等卢沟找，他就自己来了。看着卢沟凿出的石料，他满意地笑了，对卢沟说："好孩子，太辛苦你了，要不是我这些年拖累你，你早该成家立业儿女满堂了。不过你干的是件大事，后代儿孙知道了，也会感激你的。你去吧！现在可以建桥了，我太老了，就叫石狮子和石大象去帮助你吧！"

说着，老汉挨个儿拍了拍石狮子和石大象，那些石狮和石大象突然活了，它们帮助卢沟把石料全部运到了永定河边。卢沟喜出望外，连夜指挥石狮和石大象建桥，一夜之间，大石桥就建成了。

卢沟激动得流下了眼泪，当地的百姓们也敲锣打鼓赶来庆贺。那恶龙可气坏了，怒气冲冲地赶到石桥下，使劲用身子缠住桥磴又摇又掀。

恶龙没有想到，这次的桥礅是用石剑做的，一下子刺得它鲜血淋漓，疼得上蹿下跳的，这一下可麻烦了，平坦的桥面被拱弯了。

那490只石狮一看大事不妙，就连忙跳上了桥栏杆，压住了桥身。有的跳得慢点，没地方了，只好几只挤在一起。

恶龙的身子被压了下来，可是心里还是不服气，它就把身子猛地伸直了往两边撑，就想把石桥头挤掉在水里。石大象一看急了，马上扑上去顶住了桥头。恶龙又气又累，吐了几口黑血，便死去了。

从此以后，这座大石桥就成了拱桥，桥栏上站满了石狮，桥头还有石大象顶住，非常地坚固。当时皇帝看了非常高兴，就赐名叫"广利桥"。

可是，人们为了纪念卢沟，都叫它"卢沟桥"，并一直流传着。而那位神仙老汉呢？人们都说他就是鲁班爷。

阅读链接

据说从前永定河只有一个渡口，有个姓卢的山西人在渡口附近经商，生意非常兴隆。

有一年秋天，他带着钱财，搭乘田氏的摆渡船准备回老家探亲。谁料田氏见卢钱财不少，顿起歹心，将卢氏翻入永定河中淹死了，将银元据为了己有，也经起商来。

第二年，田氏生了个儿子，在儿子十岁时，每天要打田氏三个嘴巴，不让打就哭闹不止，田氏十分懊恼，求教于老和尚。

老和尚对田氏说，你这儿子是被你害死的卢氏转世而来的，与你算账来了。

田氏一听，求老和尚开恩救命。老和尚说："救你不难，只要你把劫走的钱财都拿出来修座桥就可以了。"

田氏连忙请了不少工匠在渡口修起了一座桥。田氏又向老和尚讨教桥名，老和尚微笑着说："你这是还卢氏的账，我看就叫卢沟桥吧！"

金朝两代帝王令建桥

永定河原名叫"卢沟河"，因为水混浊乌黑，流速湍急，有诗人形容它"其急如箭"。在古代，由于人们以黑为卢，所以卢沟河又叫"黑水河"。

■卢沟桥头的华表

■ 卢沟桥水景

　　卢沟河的河水发于太原的天池，经过朔州、雷山后，合并为桑乾河，再汇合成雁门、云中诸水，过怀来，流经石景山地段，土质疏松，携起大量泥沙。

　　卢沟河再经大兴、东安、武清流入白河，之后也多次改道。北宋文学家苏轼曾在一首诗中说道：

　　……

　　盖桑乾河下流为卢沟，

　　以其浊故呼浑河，

　　以其黑故呼卢沟。

　　那时候，卢沟河水经常泛滥，据史料记载，在1185年5月，卢沟河的上阳村决口。皇帝随即下令，派遣金中都150千米以内的民夫全去堵塞，可惜后来河水又再次决口。

苏轼（1037—1101），北宋时期的文学家、书画家。他一生仕途坎坷，学识渊博，天资极高，诗文书画皆精。其文词开豪放一派，对后世有巨大影响。其书法主要擅长行书、楷书，有天真烂漫之趣。画学文同，论画主张神似，提倡"士人画"。著有《苏东坡全集》和《东坡乐府》。

■ 卢沟桥的桥墩

河神 是人类历史上对水文化的一种极度崇拜寄托人精神的水中的神。由于古代人们对水的破坏和水的祸害无法预见，过度的水涝不仅会吞没一切，还会孳生传染病或地方病。河流，水体，或是与水关系密切的地方，只要与一定数量的人口存在利害关系，就会产生相应的河神。

永定河是北京的母亲河，它孕育了北京城，京城内的水系也得益于它，同时对它的泛滥十分敬畏，历朝历代都想尽了办法治理它。

611年，隋炀帝就派遣了诸将领，在蓟城南桑干河上，建筑了社稷两坛。1161至1189年建造了卢沟河神庙。1436年至1449年，在堤上建起了龙神庙。

1698年，圣祖仁皇帝动用国库资金重建龙神庙，敕封永定河神。河神庙内后殿恭悬皇上御书匾额：永佑安澜。庙匾额为：南惠济者。大殿上恭悬着圣祖御书匾额曰：安流润物。对联为：

巩固藉昭灵，惠同解阜；
馨香凭报祀，济普安恬。

卢沟河在此处也是商旅使者进京往来的重要渡

口。1188年5月，皇帝下令建石桥。但是，桥还没有建成，金世宗便驾崩了。

1190年6月，金章宗见行旅中多有体弱多病者，水流又急，随即下命建造舟船，解决人们的交通问题。又施令建造石桥，于是在卢沟河上开始破土动工修建大桥。

1192年3月，大桥建成并投入使用。因为大桥处在卢沟河上，人们又叫它"卢沟桥"。

卢沟桥全长266.5米，宽7.5米，下分11个涵孔，中间大，两边小。桥身两侧石雕护栏各有望柱140根。每根望柱上有雕刻数目不同的石狮。

特别是在栏杆望柱上雕刻的狮子，往往在大狮子的身上又雕了许多小狮子，大的十余厘米，小的仅几厘米。它们三三两两，有的趴在大狮身上，有的伏在背上或头上，有的在大狮身上似在奔跑，有的则在大狮怀里嬉戏，有的只露出了半个脑袋或一张嘴，有的在戏弄大狮的绒头和铃铛。等等。

由于石狮子的数目众多，在观赏或计数时，稍不留神便会漏掉。明代文人蒋一葵在其《长安客

金世宗（1123—1189），完颜雍，原名完颜褎，金代第五位皇帝。他励精图治，革除海陵王统治时期的弊政。金世宗十分朴素，不穿丝织龙袍，使金国国库充盈，农民过上富裕的日子，天下小康，实现了"大定盛世"的繁荣鼎盛，金世宗也被称为"小尧舜"。

■ 卢沟桥的石狮子

■ 卢沟桥识栏刻

话》一书中，曾这样描述其情景：

> 左右石栏刻为狮形，凡一百状，数之辄
>
> 隐其一。

明代末期，居京文人刘侗、于奕正在其所著的《帝京景物略》写道：

> 石栏列柱头，狮母乳，顾抱负赘，态色
>
> 相得，数之辄不尽。

其实，大部分石狮是后来明清两代的原物，金代的很少，元代的也不多。后来对石狮统计过多次，各有不同。据最后一次统计的结果，共有大小石狮501只。正因为如此，人们面对叹为观止的大桥上的石狮

蒋一葵　字仲舒，号石原，明代江苏武进人。1594年中举人，曾历任官灵川知县、京师西城指挥使，四处访问古迹，并作记录，官至南京刑部主事。作品有《尧山堂外纪》《尧山堂偶隽》《长安客话》。有人称他"其所著撰，琳琅脍炙人口"，是当世负有重名的骚人墨士。

留下了一句歇后语："卢沟桥上的石狮子——数不清。"

有一种动物，能变化出500多种神态各异的形象，每只栩栩如生，如此杰作必出自大师之手。卢沟桥不仅造型美观，科学技术含量也很高。十座桥墩建在9米多厚的鹅卵石与黄沙的堆积层上，坚实无比。

桥墩平面呈船形，迎水的一面砌成分水尖。每个尖端安装着一根边长约26厘米的锐角朝外的三角铁柱，抵御洪水和冰块对桥身的撞击，以保护桥墩。人们把三角铁柱称为"斩龙剑"。

桥墩、拱券等关键部位，以及石与石之间，都用银锭锁连接，以互相拉联固牢。这些建筑结构都闪烁着我国先民的智慧与创造。

古代的石桥，一般来说，桥面都要起拱，唯独卢沟桥，平坦笔直卧于河上。世界著名旅行家马可·波罗在游记中称赞："它是世界上最好的、独一无二的桥。"

阅读链接

在明代，宛平城有一位官员对"卢沟桥的狮子数不清"的说法很不以为然。一次，他亲自坐镇桥头派了许多士兵去清点卢沟桥上的石狮。不料，两列士兵数了一遍又一遍，前后的数字却总是对不上。

这位官员很是恼怒，认为是"士兵无能"，他决定亲自弄个明白。待到夜深人静之时，他独自一人再次来到卢沟桥上。此时，天色朦胧尚未大亮，但是桥两边的狮子蹦跳往返，翻滚嬉戏，好不热闹。

此情此景，让这位官员看得目瞪口呆。突然间他好像悟出了一个"数不清"的缘由："啊！这卢沟桥上的狮子原来是活的啊！"

康熙皇帝重建卢沟桥

卢沟桥建成后，成了京城的西南大门。

1638年，在桥东建造了500多米长的小城。当时正是明代的战乱时期，建此城用以屯兵守卫京城。

那时，因为卢沟桥刚修好不久，有人建议，这里是车马商旅的交

■卢沟桥景观

■ 卢沟桥桥面

通要道，应该在河两岸建造房屋，让人居住和看守。

崇祯皇帝说："何必这样？地方衙门可以自己建造嘛！"

左丞相守贞说："那样恐怕被豪强占有，况且商人多停留在河东岸，如果朝廷建，两岸可以对称，也便于观察治理。"

崇祯皇帝听了左丞相守贞的建议，便开始修建此城。崇祯皇帝随即特命专人来负责建造此城，说要把此城建成拱卫京都的桥头堡。

小城建好以后，当时取名为"拱北城"。因为拱北城是作为军事设施建造的，因此它不同于一般县城，人们一般称其为"斗城"或"卫城"。

拱北城原是明代顺天府下辖的京城附郭县之一，后来改称为"拱极城"，当时的拱极城也一直作为军营屯兵之所。拱极城内，路东有观音庵，路西有

崇祯皇帝

（1611—1644），明思宗朱由检，庙号思宗，后改毅宗、怀宗，明代第十六位皇帝。他是一位年轻有为的皇帝，但由于内忧外患太多最终导致明朝解体，也成了明代最后一位皇帝。

康熙皇帝

（1654—1722），清圣祖仁皇帝爱新觉罗·玄烨，清代第四位皇帝、清代定都北京后第二位皇帝。年号康熙，取万民康宁、天下熙盛的意思。在位61年，是我国历史上在位时间最长的皇帝。他是我国统一的多民族国家捍卫者，奠定了清代兴盛的根基，开创出康乾盛世的好大局面。

兴隆寺。

拱极城城外因为有卢沟桥，商旅兴盛，人员密集，过往卢沟桥的人与车马从此络绎不绝，这就大大增加了卢沟桥的负荷。长此以往，卢沟桥就破损了。

至清代时，金代所建的卢沟桥简直不能使用了，康熙皇帝就下令重新在卢沟河上建造了一座桥。

他励精图治，亲自冒着寒风用仪器测量河床，又亲自指挥和监督施工，修筑河堤，定方向，钉木桩，施丈量，用石堤，固水涮沙，用莽牛河水冲刷浑河泥沙。他还让河兵堤岸两边大植柳树，保持水土。

排桩防水，按比例绘图，修成水坝、石闸，加固堤防。在组织上设立河兵建制，平时维护，在康熙皇帝精心治理永定河的情况下，从1698年后30年里未有大的水患。

康熙帝带领大家挑挖新河，防淤塞，还采取了与民有利的措施，施行雇募民工的办法，改强制无偿劳役为雇募，对民工有一定的报酬。

康熙还从国库直拨经费治河，并由直郡王允统领八旗属下步军千人治河修桥。

在康熙的努力下，永

■ 康熙重修卢沟桥碑

■ 卢沟桥上的石狮子

定河泥沙减少，河道通畅，这既减少了大水对卢沟桥的冲击，也减少了泥沙对桥礅的侵蚀，这一行动大大保证了新修卢沟桥的安全。

从 1692年至1722 年的30年间，康熙皇帝直接参与了对永定河的治理，并于1698 年赐名"永定河"，而后一直沿用。

在康熙之后，也有人为卢沟桥的修缮工作费心不已。有个著名的廉洁小吏，名叫徐淡，他虽然不是很出名，但因为其廉洁捐银修桥的行为，也被记录在卢沟桥的修建历史上。

徐淡年少时，经常看到人民饱受苦难，早早就下定决心发奋读书，立志长大做个爱民、为民做实事的好官。但是科举仕途他没有走通，但最终还是因为他

八旗 是清代满族的皇家士兵的组织，是1601年正式创立，初建时设四旗：黄旗、白旗、红旗、蓝旗。后将四旗改为正黄、正白、正红、正蓝，并增设镶黄、镶白、镶红、镶蓝四旗，合称八旗，统率满、蒙、汉族军队。

具有真才实学和优良品德，在清代嘉庆年间被推荐出任了大名府通判一职。

徐淡到任不久，曾有人将12000两银子送到他面前。他这个新官上任的"乡巴佬"头一次见到这么多银子，一时惊得目瞪口呆。徐淡把银子拿在手中掂了一掂，这么多银两要搜刮多少地皮呢？他决定把银子退回去。

徐淡的这一举动引来了街谈巷议，并很快传入了京城。吏部知道了这件事，嘉庆皇帝下诏书褒扬徐淡，号令各地官员学习徐淡为官清廉和忧国忧民的优良品德。

徐淡为官20年不光为官廉洁，而且还捐出了自己的很多银子，都用在修建卢沟桥上了，卢沟桥上的狮子，有很大一部分是徐淡捐资修建的。

因此，当地有人说："卢沟桥上数百个石狮子可以做证，徐淡称得上是个清正廉明的好官。"

阅读链接

在很久以前，从山东来了个枣贩子，他经过卢沟桥时，看见桥上那么多的石狮子。他想数一数有多少只，然后就开始从西数至东，又从东数至西，可是怎么也数不清。

同行的伙计告诉他，卢沟桥的狮子数不清是由来已久的，劝他别再费力气了。

可这枣贩子生性倔强，越劝越来劲儿，偏要赌这口气不行。他还真有主意，从枣筐里数出一大堆枣来，然后开始数狮子，见一个石狮子就往狮子嘴里塞一个枣。

可是数来数去，总是看到有的狮子嘴里没有枣。他就又数出一堆枣来，继续数狮子，可数了一天，枣贩子的枣筐见底儿了，石狮子也没数清，最后只得死了心，垂头丧气地离开了卢沟桥。

乾隆皇帝与卢沟晓月

从前，卢沟桥这地方十分荒凉，桑干河一片混浊，号称"小黄河"，时常泛滥。可是自从有了卢沟桥，河水变清了，人们说这桥有灵气，就把它说成了"神桥"。

■ 永济河上的卢沟桥

八抬大轿 古代轿子的形制也有规定。例如在清代初期亲王坐的轿子是银顶黄盖红帏。三品以上大官虽可用银顶，皂色盖帏，四品以下只准乘锡顶、两人抬的小轿。至于一般的地主豪绅，用黑油齐头、平顶皂幔的。在京城内四个人抬，出京用八人。所以叫"八抬大轿"。

但当地人说，卢沟桥的神奇还不在这里，在于这里的月亮比别的地方出得都早。

别处农历初一、初二就看不见月牙儿，但卢沟桥农历每月三十那天晚上就能看见月亮了。

在大年三十儿夜里，这里的月亮更是非常神奇，一到五更，东南方向就衬出一弯明月，并渐渐上升，那弯明月照得桥身通亮，连桥上的石狮子都能看得一清二楚。

但是，相传这种情景只有两种人可以看见，一种是15岁以下的童男童女；另一种是"大命之人"。

后来，民间的传说被乾隆听到，他就决定亲自去察看一番。

乾隆皇帝自年轻时就是个好游山玩水的人，他几次下江南时都要从这桥上路过，可是就没有看见过这种奇景。

■ 卢沟桥石雕

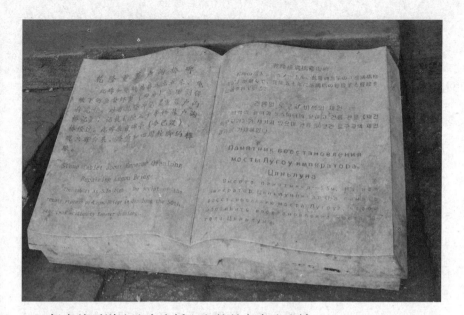

■ 乾隆皇帝重修卢沟桥碑

但自从听说这这卢沟桥上空的月亮有这么神，又觉得自己是大命之人，就打算专程前去瞧瞧。

这一天，正好是大年三十儿的晚上，乾隆认为这可是到卢沟桥看月亮的好时候。于是，他就叫人预备八抬大轿，说是要上卢沟桥。

这时宫里正忙着过年，一听皇上要上卢沟桥，大家都愣住了。

按照老规矩，这天无论是谁也不能离开皇宫。皇上怎么突然提出来要上卢沟桥呢？可是皇上下了命令，谁敢说个不字呢？

大家只得照办。于是，朝中的护卫等人就用八抬大轿把乾隆抬到了卢沟桥。

卢沟桥当时归属于宛平县管辖，而此时的宛平县知县正在忙着过年，一听说皇上驾到，吓了一身冷汗，赶紧点了灯笼、火把，列队迎接。

灯笼 我国的灯笼又统称为灯彩，起源于西汉时期，每年的农历正月十五元宵节前后，人们都挂起象征团圆意义的红灯笼，来营造一种喜庆的氛围。后来灯笼就成了我国人喜庆的象征。经过历代灯彩艺人的继承和发展，形成了丰富多彩的品种和高超的工艺水平。我国的灯笼综合了绘画艺术、剪纸、纸扎、刺缝等工艺，以宫灯和纱灯最为著名。

天刚擦黑，京城的鞭炮声就响成一片了，处处呈现出一派欢乐祥和的景象。乾隆皇帝带领一干人马，出紫禁城西行，再往南到宛平城的卢沟桥。

乾隆下了轿二话没说直奔卢沟桥，人们也都跟随着上去了。等到了桥头，乾隆皇帝使劲朝东南方向张望，可看了半天，只见满天的繁星点点，却不见半点月亮的影子，更别说把卢沟桥照得通亮了。

乾隆此时感觉非常地扫兴，询问左右："我怎么看不见月亮呢？"

左右也不知缘由，只好上前瞎说一气。有的说，灯笼、火把多，所以才看不清楚。

乾隆一听，觉得这话有理，立即下令把所有的灯笼、火把吹熄。顿时，卢沟桥变得一片漆黑，只有一片寒星照着卢沟的河水。

乾隆又使劲望了望，还是没瞧见。他心里急起

■ 卢沟桥美景

■ 卢沟晓月记事碑

来，叫来宛平知县，大声斥责道："你这个官是怎么当的？这卢沟桥不是三十儿晚上出月亮吗？"

知县连忙说："是，是！"

"那为什么看不见？"

"小的也只是听别人说，这月亮只有大命之人才能看得见。"

乾隆心想，我是一朝天子，难道还不是"大命之人"吗？怎么我看不见呢？

可转念又一想，我大年三十儿跑到这儿来看月亮，如果说看不见，传出去岂不被天下人耻笑？

想到这里，他对随从们说："你们都退下，让我仔细看看。"

随从退下后，乾隆一个人站在桥上使劲看起来。

看着看着，就觉得眼前一亮，一弯明月挂在东南的天际，整个桥身也立刻变得通亮了。

乾隆急忙叫随从近身来看，大家顺着乾隆手指的方向，看得眼睛都酸了，也没有看见月亮。有的随从便说："我们是凡夫俗子，没有这个眼福啊！"其他人也跟着附和着。

乾隆听了特别高兴，觉得自己的确是大命之人。随后，他吩咐说："给我预备笔砚，我要赋诗。"

宛平县令急忙令人抬出雕漆书案，呈上文房四宝，灯笼火把立刻点亮。

乾隆坐在那里沉思，一会儿吟诵道：

河桥残月晓苍苍，照见卢沟野水黄。
树人平郊分淡霭，天空断岸隐微光。

■ 蓝天下的卢沟桥

■卢沟桥桥面

乾隆一会吟道：

　　河声流月寥落曙光寒，

　　……

　　乾隆想从中找点比较好的句子，可是吟来吟去，都不满意。

　　这时，有一个臣子说："陛下，臣知道明代文学家徐渭有一首《竹枝词》，不知可用否？"

　　乾隆说："讲来。"

　　这位臣子放声吟道：

　　沙浑石涩夹山椒，苦束桑干和一刀。

　　流山卢沟成大镜，石桥狮影浸拳毛。

　　乾隆没听完就摇了摇头。他觉得徐渭这首诗写得太凄凉了，应该写出这卢沟幽美的月色。

徐渭（1521—1593），明代的文学家、书画家、军事家。在诗文、戏剧、书画给当世及后代留下了深远的影响。他的诗，被尊之为明代第一，他的戏剧，受到汤显祖的极力推崇，至于绘画，他是我国艺术史上成就最突出的人物之一。

另有一个翰林看出了乾隆的心思，上前说："臣有几句不知如何？"

乾隆说："讲。"

翰林吟道：

霜落桑干水未枯，晓空云尽月轮孤。

一林灯影稀还见，十里川光澹欲无。

乾隆一听，连说："好！好！"他当即想了一下，随后提起笔来，挥毫写下了四个大字："卢沟晓月"。

众人一看，齐声喝彩，宛平县令急忙吩咐刻碑。就这样，一通"卢沟晓月"的石碑就立在卢沟桥头了。后来，"卢沟晓月"也就成了卢沟桥的美称。

■ 卢沟桥的抱柱石

■ "卢沟晓月" 碑刻

　　好一个卢沟晓月！它勾勒出这样一种意境：桥下流水潺潺，桥上行人流连，近处杨柳拂堤，远处山峦连绵，一轮明月在淡淡的晨雾中时隐时现……

　　抑或是另一种意境：羁旅、过客、晓风、残月，淡淡的离愁别绪，剪不断，理还乱，不需浓墨重彩就赚足了才子佳人的眼泪。

　　据说过了几年后，乾隆皇帝又来到卢沟桥赏月，当时是夏天，吏部天官刘墉陪同乾隆爷到南苑海子墙里打猎。

　　回来时，乾隆说："朕好长时间没去卢沟桥了，趁着天还早，咱们绕远点走一趟吧！"

　　于是，乾隆皇帝和刘墉及护卫随从等一帮人骑着马，带着猎物，顺着东河堤来到卢沟桥的龙王庙行宫。

刘墉（1719—1804），字崇如，号石庵，另有青原、香岩、东武、穆庵、溟华、日观峰道人等字号，清代书画家、政治家。乾隆十六年进士，做过吏部尚书，体仁阁大学士。他兼工文翰，博通百家经史，精研古文考辨，工书善文，名盛一时。著有《石庵诗集》刊行于世。

吃过晚饭，天气特别闷热，乾隆漫步来到卢沟桥的东桥头乘凉。

他说："朕前几年路过这里，当时正值初月，仰望蓝天，疏星淡月，远眺河水如带，西山时隐时现；俯桥眺水，月亮光照在水面，像镜子一样明亮，真好似身临仙境。朕触景生情，写了'卢沟晓月'诗。等一会儿月亮出来，朕要再写一首夏季美景、咱们君臣乘凉的诗！"

说完，乾隆便触景生情作了一首诗：

茅店寒鸡咿唔鸣，曙光斜汉欲参横。

半钩留照三秋淡，一练分波平镜明。

入定衲僧心共印，怀程客子影尤惊。

迩来每踏沟西道，触景那忘黯尔情？

随从的大臣纷纷叫好。前来接驾的宛平知县赶紧接着说："凡是从这儿经过的文人墨客，看到万岁爷的诗，一定都会赞叹写得景美情深，真是诗中极品啊！"

阅读链接

金章宗完颜璟走遍了京城的好山好水，他开发了京城的许多景观。比如熟知的燕京八景：居庸叠翠、玉泉垂虹、太液秋风、琼岛春阴、蓟门烟雨、西山积雪、卢沟晓月、金台夕照。

北京史志文献资料集《日下旧闻考》记载："自金明昌中始有燕山八景之目，元明以来，著咏颇多。"

北平旧志也记载"金明昌遗事有燕京八景，元人或作为古风，或演为小曲"。可见燕京八景对后世的深远影响啊！

卢沟桥地域人文风情

卢沟桥历经数百载仍矗立在永定河畔，这简直是个奇迹，历史上有许多讴歌卢沟桥的诗，为卢沟桥留下了不朽的人文风情。

金代礼部尚书翰林学士赵秉文的一首《卢沟诗》这样写道：

河分桥柱如瓜蔓，路人都门似犬牙，
落日卢沟桥上柳，送人几度出京华。

■ 历史悠久的卢沟桥

单以晓月形容卢沟桥之美,据说是另有原因:每当旧历的月尽天晓之时,下弦的钩月在别处还看不分明,如有人到此桥上,就会率先看见月亮的清辉。

"一日之计在于晨",何况是行人的早出发。朝气清新,烘托着勾人思感的月亮,以及上浮青天,下嵌白石的巨桥。京城的雉堞若隐若现,西山的云霭似近似远,大野无边,黄流激奔。

这样的情景,这样的色彩,这样的地点与建筑,不管是料峭的春晨,还是凄冷的秋晓,景物虽然随时有变。但若无雨雪的降临,每月末五更头的月亮、白石桥、大野、黄流,总可凑成一幅佳画,飘浮于旅行者的心灵深处,生发出无尽的美感。

13世纪时,世界著名旅行家马可·波罗跟随父亲和叔叔途经中东,历时四年来到中国。据说此次来中国,马可·波罗曾经到访过卢沟桥,并写下了对卢沟

■ 卢沟桥雪景

■ 卢沟桥桥面

桥的赞美之词。

据说当时马可·波罗来到我国后，元世祖忽必烈十分欣赏这个勇敢的年轻人。那一年的春天，百花齐放，阳光明媚。

有一天，忽必烈召见马可·波罗，十分认真地说："马可·波罗，我想派你到云南去，一路看看地方风光，了解民情风俗，有什么奇闻或风吹草动，就立即向我报告。"

马可·波罗接旨以后，准备好行装，第二天一早，他就出发了。

走出大都城，经过永定河上的一座石桥。在桥头，这位探险家矗立良久。

他赞叹道："啊，多美的石桥！它简直是世界上最好的石桥。那么宽，可以容下十个人骑马并肩前行。它是那么长，足有300多米！24个桥拱，25座桥

旨 本为意见，上下均可通用。宋代以后专指皇帝的命令。明代王在晋《三朝辽事实录·袁可立题叙毛文龙奇捷疏》记载："行巡按御史覆勘，再为议序以俟俞旨施行。"皇帝下的是圣旨；皇后妃子下的是懿旨；其他人是令。

桥的国度

穿越古今的著名桥梁

礅。造桥的技术真是无与伦比！"

马可·波罗所说的石桥，便是卢沟桥。这座石桥能够赢得这位探险家的赞叹，说明建造石桥的工艺在当时已经十分先进。

元代诗人陈孚在《卢沟晓月》中写道：

长桥弯弯抵海鲸，河水不溅永峥嵘；
远鸡数声灯火杳，残蟾犹映长庚月。
道上征车铎声急，霜花如钱马鬃湿；
忽惊沙际影摇金，白鸥飞下黄芦立。

元代有一幅《卢沟伐木图》，把当时卢沟河畔茶肆酒馆、客商旅店的繁华以及策马驱车、步行担担、风尘仆仆的景象描绘得淋漓尽致。

■ 卢沟桥的狮子

在卢沟河畔留宿的客人一觉醒来，发现鸡已经叫了三遍，洗漱后又踏上了新征程。

首先看到的是晓月当空，东方露出鱼肚白色，天空残月倒挂，大地似银，卢沟桥上月如霜，此时才真正体会到了"卢沟晓月"的美妙。

明代张元芳的《卢沟晓月》诗也很有代表性：

禁城曙色望漫漫，霜落疏林刻
漏残；

天没长河宫树晓，月明芒草戍楼寒。

参差阙角双龙迫，迤逦卢沟匹马看。

万户鸡鸣茅舍冷，遥瞻北极在云端。

■ 卢沟晓月石碑

卢沟桥修建以后极大地方便了人们的出行，特别是在元朝定都北京后，卢沟桥的作用更加明显了。

卢沟桥已经成为当时北京的人们通往西南的必经之道。因此，很多当时在北京生活过的人，也都曾经过了卢沟桥。

元代诗人张野填了一首《满江红·卢沟桥》的词：

半世乾忙，漫走遍，燕南代北。

凡几度，马蹄平踏，卧虹千尺。

张元芳 字宗五，祖籍南京，明初迁居太原府阳曲县。自幼受到良好教育，素怀大志，胸有韬略。1680年，奉命出征，收复海坛、厦门等处海岛，身先士卒，威震敌军，立下了汗马功劳。在巩固西北边防、关心休养生息的操劳中鞠躬尽瘁，死而后已，贡献了毕生精力。

眼底关河仍似旧，

鬓边岁月还非昔。

并阑干，惟有石狻猊，曾相识。

桥下水，东流急。

桥上客，纷如织。

把英雄老尽，有谁知得？

金斗未悬苏季印，

绿苔空渍相如笔。

又平明，冲雨入京门，情何极。

桥的国度

穿越古今的著名桥梁

明代的杨荣不仅是一位政治家，还是一个有名的诗人。有人评价道："杨荣的诗文雍容平易，很像他的为人。"他曾经多次到访过卢沟桥，并写下了《卢沟桥北上》，诗曰：

■ 卢沟桥的石雕

河声流月漏声残，咫尺西山雾里看。

远树依稀云影澹，疏星寥落曙光寒。

石桥马迹霜初滑，茅屋鸡鸣夜可阑。

北上以着双阙近，五云深处是金銮。

　　明代的顾起元，是应天府江宁人，字太初。1600年戊戌科考中探花，官至吏部左侍郎。这位探花出身的吏部侍郎，并不贪恋虚华。对于学问文章，他所持态度也是一丝不苟，他先博览群书，而后提笔作文。

　　顾起元曾经多次游览过卢沟桥，并写下了《卢沟桥》，诗写道：

西山笼雾晓苍苍，一线桑乾万里长。

最是征夫望乡处，卢沟桥上月如霜。

　　诗人在前两句交代了卢沟桥所处的地理方位，同时，还用了两句诗给卢沟桥定下了苍凉的基调。诗的

顾起元（1565—1628），1600年中进士，官至吏部左侍郎，兼翰林院侍读学。明代官员、金石家、书法家。退后，筑遁园，闭门潜心著述。朝廷曾七次诏命为相，均婉辞之，卒谥文庄。著有《金陵古金石考》《客座赘语》《说略》等。

最后一句用卢沟桥上的月光含蓄地表达了月光下征夫的望乡之情。

清代的乾隆帝曾到过卢沟桥，并写有《过卢沟桥》一诗：

> 薄雾轻霜凑凛秋，行旌复此渡卢沟。
> 感深风木睽逾岁，望切鼎湖巍易州。
> 晓月苍凉谁逸句，浑流萦带自沧州。
> 西成景象今年好，又见芃芃满绿畴。

卢沟晓月，不知倾倒了多少文人墨客和英雄豪杰。历来的名胜古迹都离不开名人，作为古代都城北京南部出城的交通要道，卢沟桥也自然吸引了许多名人的到访。

■ 卢沟桥石狮

到访过卢沟桥或者与卢沟桥有关的名人很多，这些名人或修缮过卢沟桥，或给卢沟桥写诗著文，他们的行为大大丰富了卢沟桥的文化内涵。

清代改良领袖康有为，也曾到访过卢沟桥。他在一首名为《过卢沟桥望西山》的诗中写道：

连山叠翠启皇州，万里云岚去素秋。

地落平原开德棣，天分中外作并幽。

浑河浩荡连沙转，香界岩深接汉浮。

萧槭西风催落日，羸驴驮我过卢沟。

　　和康有为同一时期并支持戊戌变法的另一位进步人士谭嗣同，也曾到访过卢沟桥，他在一首名为《卢沟桥》的诗中写道：

河流固无定，人亦困征鞍。

残月照千古，客心终不寒。

山形依督亢，天影接桑干。

为有皋鱼恨，重来泪欲弹。

■卢沟桥记事碑

桥的国度

穿越古今的著名桥梁

卢沟桥自古以来，吸引了大量的文人墨客为其挥毫泼墨。卢沟桥的确是一座名闻中外的古代桥梁，除了它建筑工程的巨大和工艺技巧的高超，都是历史所罕见之外，它也为社会留下了许多美丽的传说和人文气息。

阅读链接

传说永定河里有个铜帮铁底，是由龙王三公主为父王排忧解难而造的。三公主发动宫女编织铜网、铁网，并用织成的铜网把两岸的河堤保护起来，把织成的铁网铺在河底以防大水冲刷，这就是后来人们传说的铜帮铁底。

龙官厚道孝顺的四太子、五太子，连连说自己也要为父王分忧。于是，每到汛期，他兄弟俩自动趴在桥孔处吸水保桥。因此，后来桥孔一直有两个龙头在吸水呢！

从此，永定河两岸再没有大的水患了！